J新書 29

たった1語で3度ときめく

ときめき魔法の英単語

中学英語をネイティブレベルに
アップグレード

CD付

リサ・ヴォート
Lisa Vogt

Jリサーチ出版

☆はじめに☆

いち、にの、さん！の3秒で、中学レベルの単語力を日常会話・ビジネスで使える単語力にグレードアップ

　たとえばBookという単語は中学校で「本」と習います。しかしこの単語には「本」以外にたくさんの意味があるのをご存じでしょうか。分かりやすいところで言えば、

I booked a hotel room.
（ホテルの部屋を予約した）

　そう、「予約する」という意味があります。予約といえば予約者の名前が書かれたリストがあります。そうです、Bookは「帳簿」という意味でもよく使われる単語なのです。

　このように一つの英単語には複数の意味がありますが、だからといって辞書にある全ての意味を覚えるのは大変ですね。

　そこで、本書は「ネイティブスピーカーがよく使う」という観点から、

中学レベル ➡ 日常会話レベル ➡ ビジネスレベル

という順で、3つの意味に絞り込みました。知っている意味（中学レベル）から連想してスーッと頭に入ってくるよう、見開き2ページずつ英単語を紹介しています。

数にすると76語です。その中によく使う意味が76×3＝228通りあり、それぞれに例文を添え、実践ですぐに使えるようにエクササイズが用意されています。

一見まったく違う３つの意味でありながら、そのルーツはときめき（＝驚き）がいっぱい！

　３つの意味は一見まったく違う意味でありながら、ルーツをさかのぼると「なるほど！」と膝を打ちたくなるような背景を持っています。それを確認できれば、知らなかった意味もラクに頭に入り、二度と忘れることがないでしょう。なにしろ、１つ目の（中学で習った）意味はわかっているのですから、ピョンとそれを踏み台にして、これまで知ることのなかった粋な単語の使い方をマスターできます。

　それでは魔法の単語学習、スタートです。

リサ・ヴォート

☆本書の使い方☆

　本書は選び抜かれた便利な**英単語**が76語、中学レベル➡日常会話レベル➡ビジネスレベルの3段階に分けて、「意味」「用法」が紹介されています。中学レベルの意味は知っているのに、日常会話・ビジネスレベルになると予想以上に知らない意味に出会うはずです。その驚きが**ときめき**であり、**ときめき**が強ければ強いほど、記憶に残り、実践で使えるようになります。

STEP 1
まずは見開き左ページの中学レベルの単語を見ましょう。簡単な単語ですが、覚えていない人はここで復習してください。　CD 日本語➡英語の順で流れます

STEP 2
次はネイティブスピーカーが日常会話でよく使うレベルの意味です。予想外な意味・用法に**ときめき**を感じた人は、その好奇心に拍手です。好奇心こそ、英語力が伸びるカギになります。　CD 日本語➡英語の順で流れます

STEP 3
3つ目はビジネスシーンでよく使われる意味です。ぜんぜん中学の意味と違う♪と焦る必要はありません。単語自体はすでに知っているのですから、新しい意味に一度触れておけば、すぐに使えるようになります。単語のルーツをたどれば意外とつながっている背景があります。それを発見できれば、**ときめき**はさらに高まります。　CD 日本語➡英語の順で流れます

STEP 4
見開き左ページの下には、単語のルーツ（語源）や使い方のポイントが解説されています。ここをチェックするだけで、日常・ビジネスレベルの意味・用法が瞬時に連想できるようになります。

STEP 5
見開き右ページで、まだ不慣れな日常会話・ビジネスレベルの2つの意味をさらに練習しておきましょう。　CD 日本語➡英語の順で流れます

STEP 6
単語の新しい意味・用法にときめいたその新鮮な気持ちのまま、関連する語句も一緒に覚えておきましょう。これもスーッと頭に入ってくるはずです。

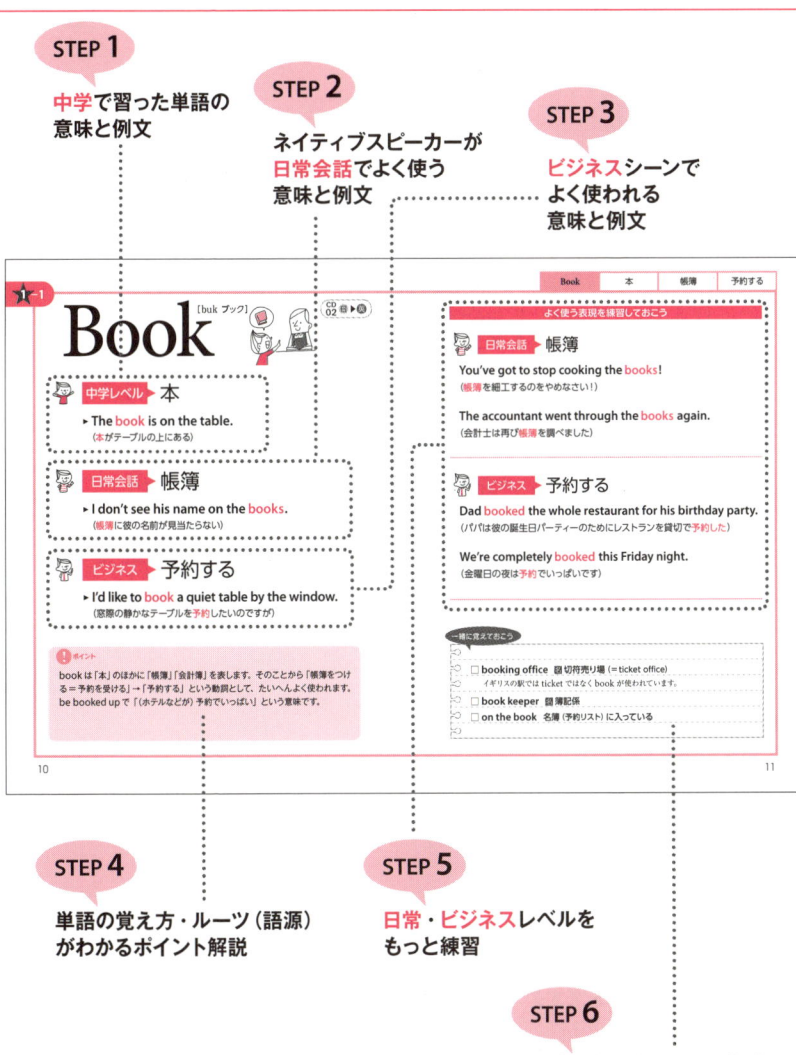

STEP 1 中学で習った単語の意味と例文

STEP 2 ネイティブスピーカーが日常会話でよく使う意味と例文

STEP 3 ビジネスシーンでよく使われる意味と例文

STEP 4 単語の覚え方・ルーツ（語源）がわかるポイント解説

STEP 5 日常・ビジネスレベルをもっと練習

STEP 6 関連語句にもときめきあり

◉ CDの音声について

　本書ではアメリカ英語の発音を基本にしています。 1-1 ～ 3-18 までの英文と日本語の意味がすべてCDに収録されています。日本語➡英語の順に流れますので、本を見ず、CDだけで学習することも可能です。

発音の補足表記について

　見出し語のすぐ横に発音記号とカタカナの補足がありますが、あくまで文字で表記し得る補足ですので、実際の音はCDの音声で確認してください。

☆目 次☆

はじめに……………………………………………………………………2
本書の使い方………………………………………………………………4

1 中1で習った単語を UpGrade

1-1 Book ………… 10	1-19 Fine ………… 46
1-2 Time………… 12	1-20 Fool ………… 48
1-3 Carry ………… 14	1-21 Rich ………… 50
1-4 Hit ……………16	1-22 Ground ……… 52
1-5 Skip ………… 18	1-23 Weather …… 54
1-6 Run…………… 20	1-24 Wind ………… 56
1-7 Bear ………… 22	1-25 Egg ………… 58
1-8 Cow ………… 24	1-26 Bag ………… 60
1-9 Dog ………… 26	1-27 Box ………… 62
1-10 Duck ………… 28	1-28 Card………… 64
1-11 Elephant……… 30	1-29 Clock………… 66
1-12 Eye…………… 32	1-30 Cover ……… 68
1-13 Kid …………… 34	1-31 Note ……… 70
1-14 Black………… 36	1-32 Pen ………… 72
1-15 Gold………… 38	1-33 Park ……… 74
1-16 Pink ………… 40	1-34 Pool ……… 76
1-17 Fan ………… 42	1-35 School……… 78
1-18 Fast………… 44	

2 中2で習った単語をUpGrade

- 2-1 Ear 82
- 2-2 Heel 84
- 2-3 Head 86
- 2-4 Lap 88
- 2-5 Rock 90
- 2-6 Tap 92
- 2-7 Cast 94
- 2-8 Diet 96
- 2-9 Bound 98
- 2-10 Board 100
- 2-11 Jam 102
- 2-12 Fix 104
- 2-13 Party 106
- 2-14 Top 108
- 2-15 Date 110
- 2-16 Ink 112
- 2-17 Ocean 114
- 2-18 Plastic 116
- 2-19 Label 118
- 2-20 Line 120
- 2-21 Stick 122
- 2-22 Monkey 124
- 2-23 Fair 126

 3 中3で習った単語をUpGrade

- 3-1 Fit 130
- 3-2 Relief 132
- 3-3 Blow 134
- 3-4 Act 136
- 3-5 Engaged 138
- 3-6 Hold 140
- 3-7 Roll 142
- 3-8 Slot 144
- 3-9 Address 146
- 3-10 Behind 148
- 3-11 Rear 150
- 3-12 Floor 152
- 3-13 Light 154
- 3-14 Needle 156
- 3-15 Pad 158
- 3-16 Pin 160
- 3-17 Skirt 162
- 3-18 Sound 164

中1で習った単語を UpGrade

Book [buk ブック]

中学レベル ▶ 本

▶ The **book** is on the table.
（本がテーブルの上にある）

日常会話 ▶ 帳簿

▶ I don't see his name on the **books**.
（帳簿に彼の名前が見当たらない）

ビジネス ▶ 予約する

▶ I'd like to **book** a quiet table by the window.
（窓際の静かなテーブルを予約したいのですが）

❗ポイント

book は「本」のほかに「帳簿」「会計簿」を表します。そのことから「帳簿をつける＝予約を受ける」→「予約する」という動詞として、たいへんよく使われます。be booked up で「（ホテルなどが）予約でいっぱい」という意味です。

| Book | 本 | 帳簿 | 予約する |

よく使う表現を練習しておこう

日常会話 ▶ 帳簿

You've got to stop cooking the books!
(帳簿を細工するのをやめなさい！)

The accountant went through the books again.
(会計士は再び帳簿を調べました)

ビジネス ▶ 予約する

Dad booked the whole restaurant for his birthday party.
(パパは彼の誕生日パーティーのためにレストランを貸切で予約した)

We're completely booked this Friday night.
(金曜日の夜は予約でいっぱいです)

> 一緒に覚えておこう

- □ **booking office** 名 切符売り場 (＝ticket office)
  イギリスの駅ではticketではなくbookが使われています。
- □ **book keeper** 名 簿記係
- □ **on the book** 名簿 (予約リスト) に入っている

Time
[taim タイム]

 中学レベル ▶ 時間

▶ **What time is it now?**
（いま何時ですか？）

 日常会話 ▶ 掛ける

▶ **This pole is three times taller than that one.**
（この塔はあっちの塔より3倍高いです）

 ビジネス ▶ 景気・時代

▶ **We have had good times and bad times.**
（いい時も悪い時もありました）

!ポイント

時を表す time。この単語は three times a day（日に3回）、ten times as large as ～（～の10倍も大きい）といったように「回数」「倍数」を表すときにもよく使われます。また、the good old times（あのときはよかった）という感じで「時代」を表すことも多いです。

| Time | 時間 | 掛ける | 景気・時代 |

よく使う表現を練習しておこう

 日常会話 掛ける

Our budget is three times smaller than theirs.
(私たちの予算は彼らより3倍小さい)

That store attracts ten times the number of customers.
(あの店は10倍の顧客数を惹きつけています)

 ビジネス 景気・時代

Those were hard times but we somehow survived.
(とてもつらい時代でしたが、私たちはなんとか生き残りました)

We must change with the times.
(私たちは時代で変わらなければなりません)

一緒に覚えておこう

☐ **in time** (時間に)間に合って
　She was in time for the concert. (彼女はコンサートに間に合いました)

☐ **on time** 時間どおりに
　The bus was on time. (バスは時間どおりに来ました)

13

Carry
[kæri キャリー]

 中学レベル ▶ 運ぶ

▶ Please allow me to **carry** your bags to the door.
(あなたのバッグをドアへ運ばせてください)

 日常会話 ▶ 背負う

▶ Our boss **carried** everyone on the payroll through good and bad times.
(我々のボスはいい時も悪い時もみんなの賃金を背負いました)

 ビジネス ▶ (店で)扱う

▶ This supermarket **carries** many types of yogurt.
(このスーパーはいろんなヨーグルトを扱っています)

> **!** ポイント
>
> carry の基本的な意味は「運ぶ」。運ぶという動作からもイメージできるように「(何かを)背負う」という意味でもよく使われます。さらに、店から購入者へ商品が移動するイメージから、商品を「扱う」という意味でも使われます。

| Carry | 運ぶ | 背負う | 扱う |

よく使う表現を練習しておこう

 日常会話 ▶ 背負う

I carry the dreams of our ancestors.
(私は先祖の夢を背負っています)

She carries genes that increases the risk of breast cancer.
(彼女は乳がんの危険性を増す遺伝子を持っています)

 ビジネス ▶ (店で)扱う

Do you carry women's shoes in a size 26?
(26センチの女性用の靴を扱っていますか?)

Sorry, we don't carry pizza balls anymore.
(申し訳ありません、もうピザボールは扱っていないんです)

一緒に覚えておこう

- ☐ **carry the day** 勝利を得る (= win)、成功する (= succeed)
- ☐ **voice carries well** 遠くまで声がとどく
- ☐ **carry the program** 番組を放送する
  TV channel 1 will carry the Olympics.(1チャンネルがオリンピックを放送します)

15

Hit [hit ヒット]

中学レベル ▶ 大当たり

▶ The song was a huge **hit**.
（その歌は大当たりしました）

日常会話 ▶ 衝突する

▶ There was no light on the bicycle, that's why he **hit** the guardrail.
（自転車にはライトが付いていなかったので、彼はガードレールに衝突しました）

ビジネス ▶ ピンと来る

▶ It just **hit** me. I met him about five years ago on a plane!
（ああ、わかった！ 私、5年くらい前に飛行機で彼に会ったわ！）

！ポイント

野球のヒットでもイメージできるとおり、何かが「当たる」が hit です。そこから「衝撃」というイメージが湧くのは容易ですね。さらに用法は発展し、「目に見えないものが頭を衝撃する」→「気づく」「アイデアが浮かぶ」という表現で使うことができます。

| Hit | 大当たり | 衝突する | ピンと来る |

よく使う表現を練習しておこう

 日常会話 衝突する

He hit me really hard.
(彼はとても激しく私にぶつかりました)

The missile hit the target.
(ミサイルは標的に当たりました)

 ビジネス ピンと来る

It finally hit her that she really needed him.
(自分にとって彼は本当に必要なのだと、彼女はついに気づきました)

It didn't hit him until just that moment.
(まさにその瞬間まで、彼は気づきませんでした)

一緒に覚えておこう

- □ **hit the books** 勉強する
  It's time to hit the books.(さあ、そろそろ本気で勉強をする時間だ)
- □ **hit on** ふと思いつく
  At last she hits on a plan.(ついに彼女は計画を思いついた)

Skip [skip スキップ]

中学レベル ▶ 軽く跳ねる

▶ The child skipped all the way to school.
（その子は学校までずっとスキップしていました）

日常会話 ▶ 飛ばす

▶ I skipped the second chapter of the book.
（私はその本の二章を飛ばして読みました）

ビジネス ▶ （急いで、こっそり）抜け出す

▶ The mafia came to look for him but he had already skipped town.
（マフィアが彼を探しに来たが、彼はすでに町を抜け出していました）

> **!** ポイント
>
> skipのイメージは、ぴょんぴょん跳ねたり飛んだりすること。ページを読み飛ばしたり（skip some pages）、会議を不参加したり（skip a meeting）、目に見えない内容にも使うことができます。この軽やかな動作から、「こっそり抜け出す」の意味もあります。

| Skip | 軽く跳ねる | 飛ばす | 抜け出す |

よく使う表現を練習しておこう

 日常会話 ▶ 飛ばす

The smart kid skipped a grade.
(その利口な子供は、飛び級しました)

I'm so full I'll skip dessert.
(お腹がいっぱいなので、デザートは飛ばします)

 ビジネス ▶ (急いで、こっそり) 抜け出す

I remember that politician skipping out right after the disaster.
(私は、災害の直後に急いで抜け出した政治家のことを覚えています)

They skipped off without paying the bill.
(彼らは代金の支払いをせずにそそくさと立ち去りました)

一緒に覚えておこう

- □ **skipping** 名 なわとび
  なわとびの縄は skipping rope です。アメリカでは jumping rope でも通じます。
- □ **bound** 動 はずむ
  skip よりも力を入れて大きく飛ぶ感じです。bound for ~ (~行き、~へ出発しようとしている) という意味もあります。(➡98ページ参考)

Run
[rʌn ラン]

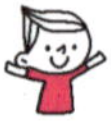

中学レベル ▶ 走る

▶ He runs very slowly.
（彼はとてもゆっくり走ります）

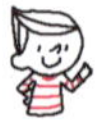

日常会話 ▶ 操作する

▶ Can you teach me how to run this machine?
（この機械の操作方法を教えてくれますか？）

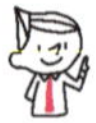

ビジネス ▶ 経営する

▶ The CEO wants his son to run the company after he retires.
（CEOである彼は、自分の引退後、息子に会社の経営を任せたいと考えている）

> **!** ポイント
>
> 「走る」という意味でおなじみrun。機械などが走り（働き）続けるのを「操作」するという意味で使われます。会社や組織を機能させる、ということから、「経営する」という意味で使われることも多くあります。

| Run | 走る | 操作する | 経営する |

よく使う表現を練習しておこう

 日常会話 ▶ 操作する

He only ran the gadget once and it broke!
(彼はたった一度その装置を作動させただけなのに、それは壊れた！)
　　　　　　　　　　　　　　　　　❶ runの過去形はranです。

I wish I knew why the antivirus software won't run on this computer!
(このコンピューターのウィルス対策ソフトが動作しない理由がわかればいいのに)

 ビジネス ▶ 経営する

The running costs are too high!
(経営コストが高すぎるよ！)

We can't continue to run our factory in this way.
(私たちはこの方法で工場の経営を続けていくことはできません)

> 一緒に覚えておこう

- □ **run away**　逃亡した、手に負えない
  run away children（家出少年・少女）、run away lovers（駆け落ち結婚）
- □ **runway**　图 滑走路、走路、(動物の) 通り道
- □ **running account**　图 預金 (= current account)

Bear
[bεɑr ベア]

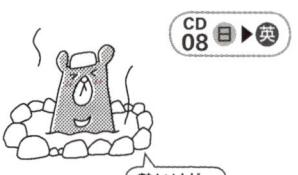

熱いけど
ガマン…

 中学レベル ▶ 熊

▶ It's a teddy **bear**.
(それはテディ・ベアです)

 日常会話 ▶ 我慢する

▶ Please **bear** with me.
(どうか我慢してください)

 ビジネス ▶ 責任を負う

▶ I cannot **bear** such a responsibility.
(そんな責任を負うことはできません)

> **!** ポイント
>
> 名詞のbearは「熊」ですが、元来動詞のbearにはcarryと同じ「運ぶ」という意味を持ちます。そのことから「責任を持ち運ぶ＝負う」や、「苦痛を持ち運ぶ＝我慢する」という意味でも使われています。

| Bear | 熊 | 我慢する | 責任を負う |

よく使う表現を練習しておこう

 日常会話 ▶ 我慢する

I can't bear this heat.
(こんな暑さ、我慢できません)

She couldn't bear his lying any more.
(彼女はそれ以上彼の嘘に耐えられませんでした)

 ビジネス ▶ 責任を負う

Taxation bears heavily on us.
(課税が私たちに重くのしかかります)

We will all bear witness concerning the matter.
(私たちは全員、事件に関する目撃者としての責任を担っています)

一緒に覚えておこう

- □ **beard** 名 あごひげ
  bear（熊）と毛深さつながり。発音は［biərd ビアド］です。
- □ **bearing** 名 態度、ふるまい、軸受け（ベアリング）
  a man of lofty bearing（態度の堂々とした人）

Cow
[kau カウ]

 中学レベル ▶ 牛

▶ This cheese is made from **cow's** milk.
（このチーズは牛乳から作られています）

 日常会話 ▶ 脅す

▶ The dictator **cowed** the people into submission.
（独裁者は人々を脅して服従させました）

 ビジネス ▶ 激しく怒る

▶ Don't have a **cow** here.
（ここでそんなに怒らないで）

！ポイント

闘牛を観たことのある人なら、cow（牛）が怒っているイメージはすぐに思い浮かぶかもしれません。顔を真っ赤にして激しく怒る様子を表します。その様相から「脅す」＝ frighten の意味でも使われます。

| Cow | 牛 | 脅す | 激しく怒る |

よく使う表現を練習しておこう

 日常会話 脅す

The brave woman refused to be cowed by his threats.
(勇敢な女性は、彼の脅威によって脅されることを拒みました)

The mother's stern look easily cowed the child to keep quiet.
(母親の険しい顔つきは簡単に子供を脅して、静かにさせました)

 ビジネス 激しく怒る

All I said was that I thought she gained a few pounds and she had a cow!
(体重が少し増えたみたいねと言っただけで、彼女は激怒した!)

I thought the boss would have a cow when I told him about the mistake.
(ミスについて上司に話せば、彼は激怒すると思いました)

一緒に覚えておこう

□ **coward** 名 臆病者、腰抜け
cow のイメージとは正反対なのが、面白いですね。

Dog
[dɔːg ダーグ]

中学レベル ▶ 犬

▶ **My dog? I have a poodle.**
（私の犬？ プードルを飼ってるよ）

日常会話 ▶ 不誠実な人

▶ **You stole my money, you dog!**
（俺のカネを盗っただろ、このブタ野郎！）

❗「ブタ野郎」とは不誠実な人に対してよく訳される罵り言葉。ここでも便宜的に訳しています。

ビジネス ▶ 失敗作 (＝bad quality)

▶ **It was a dog of a report.**
（その報告書は失敗作です）

❗ ポイント

犬は古くから生活の距離感が人間に近く、忠実の象徴とされてきましたが、その反面どこにでもいる他愛もない動物という印象が蔑視のイメージを生み、「不誠実」「失敗作」という意味でも使われるようになりました。

| Dog | 犬 | 不誠実な人 | 失敗作 |

よく使う表現を練習しておこう

 日常会話 ▶ 不誠実な人

What a lazy dog you are!
(なんて怠け者でダメな人なの！)

She was a dog—a cold, selfish and ugly woman.
(彼女は見苦しかった―冷たくて、自己中心的で、醜い女)

 ビジネス ▶ 失敗作

That was a dog of a software update.
(それはソフトウェアのアップデートの失敗作でした)

Their last product was a real dog.
(最後の製品が本当の失敗作でした)

一緒に覚えておこう

- □ **go to the dogs** 落ちぶれる
  さらに a dog's life（みじめな生活をする）もよく使われます。
- □ **dog-eared** ページの隅の折れた
  dog-eared page というように、本のページが目印に折られている様子です。

Duck
[dʌk ダック]

中学レベル ▶ 鴨・アヒル

▶ I take a bath with my rubber **ducky**!
(ゴムの<u>アヒルちゃん</u>とお風呂に入るの！)

日常会話 ▶ 水陸両用車

▶ Cities around the world have amphibious vehicles that do "**duck**" tours.
(世界中の都市には<u>ダックツアーをする水陸両用車</u>があります)

ビジネス ▶ かわす

▶ The mayor **ducked** the issue regarding the raising of taxes.
(市長は増税に関する問題を<u>避けました</u>)

! ポイント

鴨やアヒルのように水中でも陸の上でも活動できることから、水陸両用車を duck と呼ぶようになりました。また鴨やアヒルのように水面にひょいと頭を入れ、潜るしぐさから、「(身を)かわす」という意味で使われています。

| Duck | 鴨・アヒル | 水陸両用車 | かわす |

よく使う表現を練習しておこう

 日常会話 水陸両用車

Tokyo and Osaka both have "duck" tours now.
(東京と大阪は現在どちらも(水陸両用バスで行う)ダックツアーを開催している)

A "duck" tour operator calls their guides "conDUCKtors"!
(あるダックツアー会社はそこのガイドさんのことをコンダックターと呼んでいる)
❶ 正しくは conductor (案内者) ですね。

 ビジネス かわす

He ducked just in time—one second later and he would have hit his head!
(彼はぎりぎりで身をかわしたけれど、1秒遅かったら頭をぶつけていたでしょう!)

They all ducked the reporter's questions about responsibility.
(責任についてのレポーターの質問を彼らは全てかわしました)

一緒に覚えておこう

- □ **like a duck in a thunderstorm** ひどく悲しそうに
- □ **take to ~ like a duck to water** きわめて自然に~になつく

   鴨やアヒルが水に親しむように、自然に何かになつくときに使える表現です。

   Today's retirees are taking to new technology like a duck to water.
   (近ごろの退職者は、新しいテクノロジーにごく自然になじんでいる)

Elephant

[éləf(ə)nt エレファント]

入れないよ…

 中学レベル ▶ 象

► The elephant won't move an inch.
（その象は一歩も動こうとしない）

 日常会話 ▶ 幻覚 (pink〜)

► Look at his face! He's probably seeing pink elephants.
（あの顔を見てよ！ 彼はおそらく幻覚を見てるんだわ）

 ビジネス ▶ 無用の産物 (white〜)

► The town's leisure center is a white elephant built with taxpayer money.
（町のレジャーセンターは税金で建てられた無用の産物です）

> **!** ポイント
>
> 動物の中でも大きい象徴である elephant（象）が意外な意味で使われていますので覚えておきましょう。pink をともなって「幻覚」、white をともなって「無用の産物」です。

| Elephant | 象 | 幻覚 | 無用の産物 |

よく使う表現を練習しておこう

 日常会話 幻覚

When pink elephants started to appear, I knew I had had enough.
(幻覚が見え始めたら、もうこれくらいにしておこうと決心した)

After drinking all night, I saw pink elephants everywhere.
(一晩中飲んだ後、あらゆるところで幻覚を見ました)

 ビジネス 無用の産物

Are you sure that the stadiums are not just white elephants?
(スタジアムがただの無用の産物じゃないってはっきりと言える?)

I can name at least ten white elephants off the top of my head.
(少なくとも無用の産物10個は、すぐ言えるよ)

一緒に覚えておこう

- □ **elephantine** 形 巨大な (=huge)、ぶざまな (=clumsy)
  elephantine humor (さえないユーモア) 象には大きいというイメージと、大きいだけでダメねというイメージがあります。
- □ **trumpet** 名 象の鳴き声

1−12

Eye

[ai アイ]

CD 13 日▶英

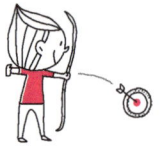

中学レベル ▶ 目

▸ **My eyes are getting weaker these days.**

(最近目がどんどん悪くなっていっている)

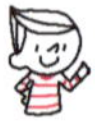

日常会話 ▶ 視点(まなざし)

▸ **It's the eye of the beholder.**

(それは見る人しだい)

ビジネス ▶ 中心

▸ **We are in the eye of the storm.**

(私たちは暴風雨の中心にいます)

! ポイント

eye(目)には「見る(=ある点に注目する)」という動作と結びつくことから、「視点」「まなざし」という意味や、「(〜の)中心」を表す語として使われます。

| Eye | 目 | 視点 | 中心 |

よく使う表現を練習しておこう

 日常会話 ▶ 視点（まなざし）

He had a keen eye for business ideas.
（彼はビジネスの発想に関して、鋭い視点を持っていた）

He bought the land with an eye to the future.
（彼は将来を見越して、島を購入しました）

 ビジネス ▶ 中心

What we're trying to do is like putting a string through the eye of a needle.
（私たちがやろうとしていることは、針の穴に糸を通すようなものです）

The eye of the issue is simply, money.
（問題の中心は簡単です、お金です）

一緒に覚えておこう

☐ **eye catcher** アイキャッチャー（＝人目を引くもの）
☐ **eye opener** アイオープナー（＝気づかせるもの）
　The hospitalization was an eye-opener for me. Now I know the importance of health.（入院して気づいたんです。今は健康の大切さがわかります）

Kid
[kid キッド]

中学レベル ▶ 子供

▶ **This is for your kid.**
（これはあなたのお子さんへ）

日常会話 ▶ 子ヤギ

▶ **These slippers are made of kid.**
（これらのスリッパは子ヤギの革で作られています）

ビジネス ▶ からかう

▶ **He's just kidding so don't take him seriously.**
（彼はただからかっただけだから、真剣に受け止めないでね）

!ポイント

元来、kid は子ヤギを表しましたが、口語的に人間の子供 (child) にも使うようになりました。You are kidding me!（子供みたいに馬鹿にしないで！）という表現のとおり、「からかう」という意味でも日常的に使われます。

| Kid | 子供 | 子ヤギ | からかう |

よく使う表現を練習しておこう

 日常会話 子ヤギ

How do you like the feel of the kid gloves?
(子ヤギの革の手袋はどんな感じ?)

It's soft and smooth, almost like kidskin.
(柔らかくて滑らかで、ほとんど子ヤギの革みたい)

 ビジネス からかう

Don't kid me like that!
(そんな風に私をからかわないで!)

It's all true. I wouldn't kid you about such a thing.
(全部本当のことです。そんなことで私はあなたをからかったりしません)

一緒に覚えておこう

- □ **No kidding!** 冗談でしょう!(= You are kidding me!)
- □ **kidnap** 動 さらう、誘拐する

Black

[blæk ブラック]

中学レベル ▶ 黒

▶ Wearing black in the summer makes you hot.
(夏に黒い服を着ていると、暑苦しいわよ)

日常会話 ▶ 秘密の

▶ There's a black program to build nuclear weapons.
(核兵器を作るという秘密の計画があります)

ビジネス ▶ 利益がでる

▶ Thankfully, our company is in the black again this year.
(ありがたいことに、私たちの会社は今年再び利益が出ます)

> **!ポイント**
>
> black（黒）にはその色からして険悪なイメージがつきものなのですが、経済用語としては明るいものばかりです。書かれたものを黒で覆い隠し、「秘密」にするというイメージ。それから収支が「黒字」になるという意味で使われます。

| Black | 黒 | 秘密の | 利益がでる |

よく使う表現を練習しておこう

日常会話 ▶ 秘密の

I have heard of several black government schemes.
(私はいくつかの秘密の政府の陰謀を聞いたことがあります)

Are you talking about black propaganda?
(内密のプロパガンダについて話しているの?)
❗ プロパガンダとは政治的意図のもとに主義・思想を広める宣伝のこと。

ビジネス ▶ 利益がでる

Soon it will be Black Friday. Are you ready to shop?
(もうブラックフライデーだね。準備はできていますか?)
❗ ブラックフライデーとは米国で毎年11月第4木曜日に催される感謝祭の翌日のこと。shopとありますので買物をしに行く準備をしているか尋ねています。

We have always operated in the black.
(私たちは常に黒字経営をしてきました)

―― 一緒に覚えておこう ――

- □ **blab** [blæb ブラップ] 動 (秘密を)べらべらしゃべる
  He blabbed out the secret. (彼はべらべらと秘密を話してしまった)
- □ **black art** 名 魔法、魔術
- □ **blackmail** 名 ゆすり 動 恐喝する

Gold

[gould ゴウルド]

中学レベル ▶ 金(黄金)

▶ It's made from 24-karat gold.
(24金で作られています)

日常会話 ▶ 尊い

▶ She has a heart of gold.
(彼女は尊い心を持っています)

ビジネス ▶ たくさん売れる

▶ The movie soundtrack became a gold album.
(映画のサウンドトラックは大ヒットアルバムになりました)

! ポイント

オリンピックの金メダルでもイメージできる通り、gold (金) を使って、「(黄金のように) 尊い」ことを表現することがよくあります。ビジネスの世界ではベストセラーも gold で表すことがあります。

| Gold | 金 | 尊い | たくさん売れる |

よく使う表現を練習しておこう

日常会話 ▶ 尊い

They spent their golden years traveling the world.
(彼らは世界中を旅しながら、貴重な老後を過ごしました)

The little boy was good as gold.
(その小さな少年は行儀がよかった)

❗ 金のようによい→最高の価値がある→(いつも騒がしい)子どもの行儀がよい。

ビジネス ▶ たくさん売れる

Our first single featuring jazzy tunes went gold.
(ジャズチューンを特色とした私たちのファーストシングルはとても売れました)

Yes, the album reached the Top Ten, then hit gold.
(そうです、アルバムはトップ10入りして、爆発的に売れました)

一緒に覚えておこう

- ☐ **Speech is silver, silence is golden.** 雄弁は銀、沈黙は金である(=沈黙は雄弁に勝る)
- ☐ **heart of gold** 图 心優しい人
- ☐ **golden boy** 图 人気者、時代の寵児

Pink

[piŋk ピンク]

中学レベル ▶ 桃色

▶ These **pink** carnations are lovely!
（これらのピンクのカーネーションは可愛らしいわ！）

日常会話 ▶ 女性

▶ You've become a mother! Should my present be **pink** or blue?
（あなた、母親になったのね！ プレゼントは女の子用と男の子用、どちらにすべきかしら？）
❶ blue は男性を示します。

ビジネス ▶ とてもよい状態

▶ The couple kept their old house in the **pink** of repair.
（夫婦は修繕することで古い家をとてもよい状態に維持してきました）

！ポイント

in the pink で「とてもよい状態で（健康で）」という意味で使われます。日本語ではピンクはエロチックな意味合いで使うことがありますが、英語では「若さ」「健康」の象徴なのです。

| Pink | 桃色 | 女性 | とてもよい状態 |

よく使う表現を練習しておこう

日常会話 ▶ 女性

I'm not pinking the merchandise any more.
(もう品物を女性ウケするように細工するのをやめる)

Nursing and teaching are traditionally considered pink-collar occupations.
(看護と教育は伝統的に女性の仕事だと考えられています)

ビジネス ▶ とてもよい状態

One glass of red wine everyday will keep you in the pink.
(毎日のグラス一杯分の赤ワインがあなたを良い健康状態に保ってくれます)

I was delighted to see him in the pink of health.
(私はとても健康な様子の彼に会って、すごく嬉しかった)

> 一緒に覚えておこう
>
> ☐ **pink slip** クビ
> アメリカでよく使われる表現です。解雇通知の紙がピンク色であることに由来します。3枚複写になっていて、クビになった社員に渡されるのがピンク色だからです。
>
> ☐ **pinky** 名 小指《米》

Fan
[fæn ファン]

(ほしいなぁー)

中学レベル ▶ 応援者

▶ I'm a big fan of that soccer team.
(私は、あのサッカーチームの熱心なファンです)

日常会話 ▶ 送風機

▶ The bamboo ceiling fan adds a tropical touch.
(竹製の天井の送風機は熱帯地方の雰囲気を醸し出します)

ビジネス ▶ 感情をあおる

▶ Perceived unfairness often fans hatred.
(認識された不当性は、しばしば憎悪の感情をあおります)

❶ hatred は「憎しみ」「憎悪」という意味。

! ポイント

fan とは実は fanatic（狂言者）という単語を略したことが由来です。狂おしいほどの信奉者を略すことで、少しレベルを緩めた感じです。崇める対象を扇動することから、「送風機」「扇風機」の意味も持ち、それは人の感情をも「あおる」場合に使われるようになりました。

| Fan | 応援者 | 送風機 | 感情をあおる |

よく使う表現を練習しておこう

日常会話 ▶ 送風機

The actress fanned herself with the peacock fan.
(女優は孔雀の扇で、あおいでいました)

Remember to turn on the fan when you use the bathroom.
(浴室を使ったときには、換気扇をつけることを覚えておいてください)

ビジネス ▶ 感情をあおる

Jealousy fanned her passion.
(嫉妬の感情は、彼女の情熱をあおりました)

The new television commercial fanned the desire for the product.
(新しいテレビCMはその商品への購入欲をあおりました)

一緒に覚えておこう

- □ **fan the air** 三振する〔野球〕
  バッドが空を切る映像が思い浮かぶ表現ですね。
- □ **fanatic** 图 熱狂者、狂言者

Fast

[fæst ファスト]

> しっかりさおを引いて

中学レベル ▶ 速い

▶ He speaks very **fast**!
（彼はとても速く話します）

日常会話 ▶ 断食

▶ She went on a **fast** to lose weight.
（彼女は体重を減らすために、断食をしました）

ビジネス ▶ しっかり

▶ He didn't want to be blown away so he held on in a **fast** grip.
（彼は飛ばされたくなかったので、しっかり握りしめ続けました）

❗ポイント

fast はファストフードでも分かるとおり、「速い」「すばやい」というコアなイメージがあります。この速さを実現するには、ぐらつかない「しっかり」したシステムが必要です。この確固たる思いが宗教上の行事である「絶食」につながります。

| Fast | 速い | 断食 | しっかり |

よく使う表現を練習しておこう

日常会話 ▶ 断食

Ramadan is a period of fasting.
(ラマダンは断食の期間です)

The patient fasted before surgery.
(患者は手術の前、断食しました)

ビジネス ▶ しっかり

Let's hold fast to the belief that we will be successful.
(私たちが成功するだろうという確信をしっかり持ちましょう)

She's fast asleep.
(彼女はよく眠っている)

一緒に覚えておこう

- □ **fasten** 動 しっかり結びつける、締める
    fasten a door（ドアを固定する）、fasten his eyes on the stranger（彼は見知らぬ男をじっと目を見すえて見る）
- □ **fastener** 名 ファスナー
    しっかり留めるもののイメージです。

Fine
[fain ファイン]

無銭入浴罰金 $1000
細かい砂のビーチ

中学レベル ▶ 元気

▶ I'm **fine**, thank you. And you?
(私は元気よ。あなたは?)

日常会話 ▶ 罰金

▶ I had to pay a 20,000 yen **fine** for speeding.
(私はスピード違反の罰金として、2万円払わなくてはいけませんでした)

ビジネス ▶ 極細(微)

▶ The pen has a **fine** tip.
(そのペンは極細です)

!ポイント

fine は、nice や good と同じく「良い」を意味する語ですが、とくに見栄えがよく、立派なものに対して使われる傾向があります。その研ぎ澄まされたイメージが「極細」「精細」という意味につながります。それとは別に「罰金」を示す言葉でもあるので注意しましょう。

| Fine | 元気 | 罰金 | 極細 |

よく使う表現を練習しておこう

日常会話 ▶ 罰金

There is a fine for late taxes.
(納税の遅れには罰金があります)

How much is the fine for riding a bicycle under the influence?
(自転車の飲酒運転への罰金はいくらですか？)

ビジネス ▶ 極細(微)

There's a fine line between being adventurous and being stupid.
(冒険的であることと愚かであることは、微々たる違いである)

❗ 隣り合う2つを fine line (細い線) で区切っているにすぎないというニュアンス。

We must fine tune the plan.
(私たちは計画を微調整しなければなりません)

> 一緒に覚えておこう

- **fine arts** 名 美術、芸術
- **rain or fine** 晴雨にかかわらず
  fine は「(空が)晴れた」「快晴の」という天気も表します。

Fool

[fu:l フール]

中学レベル ▶ 間抜け

▶ I was a **fool** to have believed him.
(彼を信じるなんて私が間抜けでした)

日常会話 ▶ 騙す

▶ They tried to **fool** us but we knew better.
(彼らは私たちを騙そうとしたけれど、私たちの方が一枚上手でした)

ビジネス ▶ 無駄に時間をつぶす

▶ The boss scolded us for having **fooled** away our time.
(上司は無駄に時間をつぶしたと言って私たちを叱りました)

ポイント

fool（愚か者）のイメージから分かるとおり、「馬鹿にする」→「騙す」という意味で使われることがあります。愚か者のようにぐずぐずして時間を無駄にするな、と言いたいときにも fool です。

| Fool | 間抜け | 騙す | 無駄に時間を
つぶす |

よく使う表現を練習しておこう

日常会話 ▶ 騙す

His disguise fooled everyone in the room.
(彼の変装は部屋にいる全員を騙しました)

You can't fool me!
(あなたが私を騙すことなんてできないわ!)

ビジネス ▶ 無駄に時間をつぶす

Let's stop fooling around and get back to work.
(無駄に時間をつぶしてないで仕事に戻りましょう)

He pretended to be fooling with his computer.
(彼はコンピュータをいじくっている振りをしました)

一緒に覚えておこう

- □ **foolhardy** 形 無鉄砲な、無謀な
- □ **fool's errand** 名 むだ足、骨折り損、徒労
  go on a fool's errand (骨折り損をする)

Rich

[rit∫ リッチ]

中学レベル ▶ お金持ち

- How I want to be rich!
  (どれだけ私がお金持ちになりたいと願っていることか！)

日常会話 ▶ 豊富

- We are rich in mineral resources.
  (私たちは豊富な鉱物資源を持っています)

ビジネス ▶ 濃い

- No, the color is more a rich red.
  (いや、色はもっと濃い赤だよ)

! ポイント

リッチはお金のイメージが先行しますが、もともとは「恵まれた」「潤沢な」「豊富」のように何かがたっぷりあるイメージを描ければ、さまざまなシチュエーションで使えるようになるでしょう。色の「濃さ」も rich で示すことができます。

| Rich | お金持ち | 豊富 | 濃い |

よく使う表現を練習しておこう

日常会話 ▶ 豊富

He has a rich collection of antiques.
(彼はアンティークの豊富なコレクションを持っています)

Japan's rich water sources are in danger.
(日本の豊富な水資源は危険にさらされています)

ビジネス ▶ 濃い

The pastry was too rich for me.
(そのお菓子は私には重すぎるわ)

I was glad that the stew was rich but not greasy.
(シチューが濃厚だけれど脂っこくなかったので、私は嬉しかったです)

一緒に覚えておこう

☐ **An intelligent person has a rich vocabulary.**
(知的な人は語彙力が豊富である)

☐ **Orange juice is rich in vitamin C.**
(オレンジジュースにはビタミンCが豊富である)

Ground

[graʊnd グラウンド]

中学レベル ▶ 土地

▶ The coach made us run around the school grounds.
(コーチは私たちに学校(の敷地)の周りを走らせました)

日常会話 ▶ 挽いた

▶ We always buy finely grounded coffee.
(私たちはいつも細かく挽かれたコーヒーを買います)

ビジネス ▶ 根拠

▶ There are many grounds for suspicion.
(疑いへの多くの根拠があります)

> ミルで挽くと、おいしいね

ポイント

グラウンドは野球場のように目的のために区切られた場所・用地を意味しますが、そこから「下地」→「コーヒーかす(＝挽かれた豆)」という意味でも使われます。また「下地」というイメージは何かを説明するための「根拠」としても用いることが多いです。

| Ground | 土地 | 挽いた | 根拠 |

よく使う表現を練習しておこう

日常会話 ▶ 挽いた

Add two eggs to the ground beef.
(ひき肉に卵2個を加えます)

Stone-ground corn is best to make shells for tacos.
(石で挽いたトウモロコシは、タコスのシェルを作るのに最適です)

ビジネス ▶ 根拠

I cannot find any reasonable grounds for that worker's complaints.
(あの労働者の不満に対して、合理的な根拠を見つけることができません)

He cannot agree on moral grounds.
(彼は、道徳的な根拠に賛成することができません)

一緒に覚えておこう

- □ **grind** 動 (穀物・肉などを)挽く、(石などを)細かく砕く
  ground は動詞 grind の過去分詞形です。
- □ **background** 名 背景、経歴
  a man with a college back ground（大学出の男）
- □ **ground floor** 名 1階《英》(= first floor)

Weather

[wéðər ウェザー]

中学レベル ▶ 天候

▶ Did you see the **weather** forecast?
(天気予報見ました？)

日常会話 ▶ 色あせる

▶ The outer walls of the building have **weathered**.
(ビルの外壁が色あせています)

ビジネス ▶ 困難を切り抜ける

▶ It's a miracle that we were able to **weather** the financial crisis.
(経済的な危機を切り抜けることができたなんて、奇跡です)

! ポイント

ウェザーニュース（天気予報）の名のとおり、weather は「天気」を意味します。毎日、太陽や風、雨にさらされることで「色あせて」ゆくことも意味し、さらに嵐などを「しのぐ」「切り抜ける」という意味も持ちます。ビジネスでは「難局を切り抜ける」という比喩表現でよく聞きます。

| Weather | 天候 | 色あせる | 困難を切り抜ける |

よく使う表現を練習しておこう

日常会話 ▶ 色あせる

The paint weathers well. The color will stay vivid for many years. (塗り方がよかったんだわ。何年も鮮やかな色のままだもの)

❗ きれいな色あせ方をしたという意味。

The wall has been weathered by centuries of splashing waves.
(何世紀にもわたって波に打ちつけられていたので、壁は色あせてしまいました)

ビジネス ▶ 困難を切り抜ける

The upstart company will weather the recession.
(成り上がった会社は不景気を切り抜けます)

It was not an easy task but we somehow weathered through, didn't we!
(それは簡単な課題ではなかったけれど、私たちはなんとか困難を切り抜けたわよね!)

一緒に覚えておこう

- ☐ **weather permitting** 天気がよければ
- ☐ **under the weather** 気分がすぐれない (= feeling sick)
  I am under the weather today so please tell the boss that I won't be in.
  (今日は気分がすぐれないから会社には行かないとボスに伝えてください)

Wind

[wind ウィンド]
[waind ワインド]

中学レベル ▶ 風

▶ **The wind is very strong today.**
（今日は風がとても強いです）

日常会話 ▶ 吹奏（すいそう）

▶ **What instruments do you play? The winds.**
（何の楽器を演奏するの？ 管楽器だよ）

ビジネス ▶ 巻く

▶ **Remember to wind the antique watch everyday.**
（忘れずに、毎日そのアンティークの時計を巻いてください）

❗発音注意！[ワインド] です。

❗ポイント

舞い上がる風のイメージから、「吹く」という動詞や、「巻く」という動詞でネイティブスピーカーはよく使います。中学の「風」、日常会話の「吹奏」の発音は [wind] ですが、ビジネスの「巻く」というときは [waind] と発音しますので、注意してください。

| Wind | 風 | 吹奏 | 巻く |

よく使う表現を練習しておこう

日常会話 ▶ 吹奏

A Japanese bamboo flute is a wind instrument.
(日本の尺八(しゃくはち)は管楽器です)

I belong to a wind orchestra.
(私は吹奏楽のオーケストラに所属しています)

ビジネス ▶ 巻く

Nobody can wind back the clock.
(時計を巻き戻すことは誰もできません)

This is how to wind up the cord when you finish.
(これは、終わったらコードを巻き上げる方法です)

一緒に覚えておこう

- □ **windless**　風のない、なぎ
- □ **windfall**　風で落ちた果物、意外な授かり者(=遺産)、たなぼた
- □ **break wind**　おなら(放屁)する

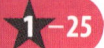

Egg
[eg エッグ]

どうせ君には とれないよ

中学レベル ▶ 卵

▶ **Do you know how to separate egg yolk from egg white?**
(卵の白身と黄身を分ける方法って知ってる?)

日常会話 ▶ 卵を投げつける

▶ **The poor comedian was egged.**
(つまらない芸人は卵を投げつけられました)

ビジネス ▶ けしかける(かり立てる)

▶ **He wanted to stay home but everyone egged him to go to the party.**
(彼は家にいたかったのに、みんながパーティーに行くように彼を説得しました)

! ポイント

egg は「卵」という名詞にとどまらず、ブーイングと同じく相手を罵りたいときに「投げつける」という動詞の意味も持って使われています。卵を投げつけられ、追い詰められる人をイメージすると、「けしかけ」られるという意味も想像できますね。

| Egg | 卵 | 卵を投げつける | けしかける |

よく使う表現を練習しておこう

日常会話 ▶ 卵を投げつける

I'm glad my car wasn't egged like the others.
(私の車は他の車のように卵を投げつけられていなくてホッとしました)

The politician was egged as a form of protest against his policies.
(その政治家は、彼の政策に対する抗議の形として卵を投げつけられました)

ビジネス ▶ けしかける（かり立てる）

They egged each other on until they were on the ground fist-fighting.
(拳での喧嘩に至るまで、彼らはお互いにけしかけ続けました)

The investors egged them to sell their stocks.
(投資家たちは株を売るように彼らを扇動しました)

一緒に覚えておこう

☐ **soft boiled egg** 半熟ゆで卵
☐ **scrambled egg** いり卵（＝スクランブルエッグ）

Bag
[bæg バッグ]

中学レベル ▶ カバン

▶ **What do you think of my new Louis Vuitton bag?**
(ルイ・ヴィトンの新しいカバン、どうかな?)

日常会話 ▶ 緩い(もの)

▶ **My son likes to wear baggy jeans, a hoodie and a baseball cap.**
(息子はフーディーに野球帽、そしてバギージーンズを履くスタイルが好きです)

❶ baggy で「だぶだぶの」という形容詞になります。

ビジネス ▶ 得意なこと

▶ **Karaoke is definitely not my bag!**
(カラオケは本当に得意じゃないんです!)

❗ポイント

bag (カバン) はその袋状の形から、「たるん」だもの、「緩い」ものというイメージにつながります。また、自分の中 (カバン) には特技を秘めていることから、比喩的に「得意なこと」を表すときに使います。

| Bag | カバン | 緩い | 得意なこと |

よく使う表現を練習しておこう

日常会話 ▶ 緩い(もの)

I've got bags under my eyes from a lack of sleep.
(寝不足で目の下がたるんでいます)

I used to wear baggy clothes because I was self-conscious about my weight.
(体重を気にしていたので、よくだぶだぶの服を着ていました)

ビジネス ▶ 得意なこと

Our factory is in danger because acquisitions are that company's bag.
(買収があの会社の得意とすることなので、私たちの工場は危機にひんしています)

Sorry but museums are not my bag. How about an amusement park? (申し訳ないけど、博物館は得意じゃないの。遊園地はどう?)

一緒に覚えておこう

□ **bag** 名 スーパーの袋

　海外旅行でショッピングをすると、たいてい耳にするのが Would you like a bag? (袋は要りますか?) です。商品のカバンも、スーパーの袋も、同じ bag が使われるので驚かないでください。

Box
[bɑks バックス]

中学レベル ▶ 箱

▶ I went to the post office to check my mail **box**.
(私書箱を確認するために郵便局へ行きました)

日常会話 ▶ 四角

▶ First, draw a **box**. Then put a number sign inside.
(始めに、四角を描きます。それから、番号を中に書き入れてください)

ビジネス ▶ 追い詰める

▶ I'm not trying to **box** you in but we're short on choices.
(あなたを追い詰めているわけではないんだけど、私たちには選択肢が不足しているの)

! ポイント

おなじみの box も「箱」だけしか使えないなんて、もったいないです。「四角形」をしたものを表すときにも使えますし、箱の中に「追い詰める」という意味でも使えます。

| Box | 箱 | 四角 | 追い詰める |

よく使う表現を練習しておこう

日常会話 ▶ 四角

Put a checkmark in the box if your answer is yes.
(あなたの回答が「はい」なら、四角にチェックを入れてください)

You can type text inside the box.
(四角の中に、文章を入れることができます)

ビジネス ▶ 追い詰める

I hate feeling boxed in!
(追い詰められている感覚が嫌だ!)

I'm in a box and I don't know what I can do.
(追い詰められていて、何ができるのかがわからないです)

一緒に覚えておこう

☐ **Life is like a box of chocolates.**（人生はチョコレートの箱のようなものだ）
映画『フォレスト・ガンプ』でフォレストの母が言った名セリフです。アメリカのチョコレートは中身にどんなチョコが入っているのか開けてみるまで分からないのが普通です。何が起こるのか分からない、それが人生で、それを楽しめる人間になりなさいという親心が込められています。

Card
[kɑːrd カード]

君の未来がみえる

中学レベル ▶ 名刺

▶ Here's my business card.
（私の名刺です）

日常会話 ▶ 身分や年齢を証明するもの

▶ I was carded at the bar.
（バーで身分証の提示を求められました）

ビジネス ▶ 起こるであろう

▶ Do you think our company making it in the Fortune 500 is in the cards?
（我が社がフォーチュン500に選ばれると思う？）

!ポイント

トランプのこともcardと言うことから、トランプ占いやタロットが派生し、将来起こりうることをbe in the cards「〜だろう」とよく表現します。フォーチュン500とは全米上位500社がその総収入に基づきランキングされる雑誌フォーチュン誌の特集のこと。

| Card | 名刺 | 身分や年齢を証明するもの | 起こるであろう |

よく使う表現を練習しておこう

日常会話 ▶ 身分や年齢を証明するもの

They carded my wife when she approached the gates.
(私の妻がゲートに近づいたとき、彼らは彼女に身分証の提示を求めました)

The club is required to card all it's customers.
(そのクラブは全ての顧客の情報を求められました)

ビジネス ▶ 起こるであろう

I'm afraid a pay raise isn't in the cards for you at this time.
(残念ながら、今回あなたの給料は上がらないと思います)

Our team winning the championships is definitely in the cards.
(間違いなく、私たちのチームは選手権を勝ち取るだろう)

一緒に覚えておこう

- □ **play cards**　トランプ遊び
  複数形なので注意。
- □ **discard**　動 捨てる
- □ **Today's card**　名 (スポーツ競技などの) 今日の対戦

Clock
[klɑk クラック]

中学レベル ▶ 掛け・置き時計

▶ According to that clock, it's 10:30.
(あの掛け時計では、10時半だね)

日常会話 ▶ 走行距離

▶ I have clocked more than ten million miles on United Airlines.
(私はユナイテッド航空で1000万マイルを越える走行距離を達成しました)

ビジネス ▶ 時間を測定する

▶ The racehorse clocked an incredible two minutes and fifty seconds!
(その競走馬は2分50秒という信じられないタイムを記録しました)

> **!** ポイント
>
> 「時計」という意味だけにとどまらない「使える用法」が clock にはあります。正確に時が進むことから「走行距離」もこの単語で表すことができます。また、動詞で使われることも多く、時計を見ながらやることから、「時間を測定する」の意味でもよく使われます。

| Clock | 掛け・置き時計 | 走行距離 | 時間を測定する |

よく使う表現を練習しておこう

日常会話 ▶ 走行距離

My new car already has nearly 4000 kilometers on the clock.
(私の新車はすでに4000キロ近い走行距離を走っている)

What's your monthly clocked distance?
(あなたの月間走行距離はどれくらい?)

ビジネス ▶ 時間を測定する

Please clock his working speed for us.
(私たちのために彼の作業スピードを測定してください)

The employees should clock in at 9:00 and clock out at 5:00.
(従業員は9時に出勤時刻を記録し、5時に退出時刻を記録してください)

一緒に覚えておこう

- □ **around the clock** 24時間ずっと (＝during all 24 hours)
- □ **like clockwork** きわめて正確に、規則正しく
- □ **clock up** 勤め上げる
  Dad clocked up 40 years at that company.
  (父さんはその会社に40年勤め上げた)

Cover
[kʌ́vər カヴァ]

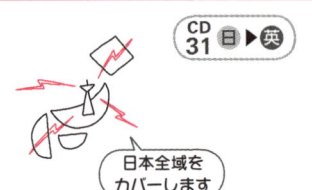

日本全域を
カバーします

中学レベル ▶ 覆うもの

▶ The **covers** were too heavy to sleep comfortably.
(その<u>布団</u>が重すぎて、よく眠れませんでした)

日常会話 ▶ 対象にする

▶ Would you like full-**coverage** on your rental car?
(レンタカーにフル<u>カバー</u>の保険を付けますか？)

❗ フルカバーとはあらゆるリスクを補償する、というニュアンス。coverage は名詞形です。

ビジネス ▶ 報道

▶ Our new CEO was **covered** in the latest *Time Magazine*.
(我々の新しいCEOが雑誌TIMEの最新号の<u>カバー</u>を飾りました)

❗ ポイント

cover のコアイメージは「覆う」です。そのイメージから、モノだけではなく、保証の範囲（対象）や放送電波の届く範囲（報道する）といった目に見えない物事の内容によく用いられます。覆うことで何かを「隠す」際にも使われます。

| Cover | 覆うもの | 対象にする | 報道 |

よく使う表現を練習しておこう

日常会話 ▶ 対象にする

The law covers only Japanese citizens.
(その法律は日本国民しか適応しない)

The survey only covered students who will be graduating this year. (その調査は今年卒業予定の生徒だけを対象にしました)

ビジネス ▶ 報道

Did you see the in-depth coverage on NHK?
(NHKの深く掘り下げた報道を見ましたか?)

Our reporter did a cover story about the benefits of higher taxes.
(私たちレポーターは税金を高くすることへの恩恵について特集報道しました)

一緒に覚えておこう

- ☐ **from cover to cover** 本の初めから終わりまで (残さず)
    I read the book from cover to cover. (私はその本を全編残らず読みました)
- ☐ **cover up** (スキャンダルなどの) もみ消し
- ☐ **uncover** 動 (秘密を) 暴露する

Note
[noʊt ノウト]

中学レベル ノート

▶ I was absent yesterday. Can I borrow your notes?
(昨日欠席したの。ノートを貸してもらってもいい?)

日常会話 音符

▶ The famous song, *Happy Birthday to You* starts with two of the same notes.
(あの有名な「ハッピーバースデートゥーユー」は2つの同じ音符で始まります)

ビジネス 様子(気づく)

▶ I didn't take note of his absence.
(彼がいないと気づきませんでした)

!ポイント

note といえば何かを書きとめるもの。たとえば楽譜という note は音符が書きとめられたものであり、それが他者に知らされることによって「〜に気づく」という意味に。さらに「気づき」を誘う「様子、雰囲気」という意味につながります。
She noted a change in his behavior. (彼女は彼の態度の変化に気づいた)

| Note | ノート | 音符 | 様子 |

よく使う表現を練習しておこう

日常会話 ▶ 音符

I went to the Blue Note to see my favorite musician.
(私はお気に入りのミュージシャンに会いに「ブルーノート」へ行きました)

❗ ブルーノートとはジャズクラブのこと。

My piano teacher kept repeating that I was hitting the wrong notes.
(私のピアノの先生は、私が間違った音を弾いていると繰り返しました)

ビジネス ▶ 様子(気づく)

I noticed a note of disapproval in her voice.
(彼女の声から、不賛成の様子を感じました)

There was a note of uncertainty in the president's speech.
(大統領演説において、不安な様子がありました)

一緒に覚えておこう

- [ ] **bank notes** 名 紙幣
- [ ] **noted** 形 著名な、有名な
    特筆すべき〜＝著名な、というニュアンスですね。

Pen
[pen ペン]

まもなく締め切り

中学レベル ▶ 筆記用具のペン

▶ May I borrow your pen?
(ペンを借りてもいいですか?)

日常会話 ▶ 書く

▶ Did he really pen all those novels, or was there a ghost writer?
(彼は本当にそれらの小説を全て書いたんですか? それとも、ゴーストライターがいたんですか?)

ビジネス ▶ 囲い(檻)

▶ We penned the new hires in the meeting room while we made preparations.
(私たちは準備をしている間、会議室に新入社員を押し込みました)

> **!ポイント**
>
> pen は筆記用具のペンでイメージできるとおり、「書く」という動作も示すことができます。加えて、penalty（罰金）とイメージが重なる「囲い」「檻」という意味があります。これはペンを使って、捕えたい相手を線で囲ってしまうイメージを働かせると覚えられますね。

Pen	筆記用具のペン	書く	囲い

よく使う表現を練習しておこう

日常会話 ▶ 書く

I spend the afternoon in the park penning poems.
(私は公園で詩を書きながら、午後を過ごします)

She penned many plays during her lifetime.
(彼女は一生のうちに、たくさんの脚本を書きました)

ビジネス ▶ 囲い（檻）

I've been penned up in my room all day making estimates on my computer.
(私はパソコンで見積もりを作りながら、一日中部屋にこもっていました)

I need to pen myself up for a few weeks in order to finish it all.
(すべてを終わらせるために、1〜2週間私は自分自身を隔離（かくり）する必要があります)
❗ ホテルなどにこもって執筆に集中するというニュアンス。

一緒に覚えておこう

- □ **penal** 形 刑罰の
    the penal code（刑法）
- □ **penalty** 名 罰金、違約金

Park

[pɑːrk パーク]

中学レベル ▶ 公園

▶ It's a nice day for a picnic in the park.
（公園でピクニックするには最高の日です）

日常会話 ▶ 駐車する

▶ Can I park my car here?
（ここに車を止めてもいい?）

ビジネス ▶ 預ける

▶ She parked the extra cash in a special bank account.
（彼女は特別口座に余ったお金を預けました）

! ポイント

「公園」でおなじみの park。パーキングエリアという言葉も日本で浸透していますので、「駐車場」を意味することは楽に想像がつきます。「駐車する」と動詞で使うことも多いです。駐車場に車を預けて置くことから、何かを「預ける」「置いておく」の意味でもよく使われます。

| Park | 公園 | 駐車する | 預ける |

よく使う表現を練習しておこう

日常会話 ▶ 駐車する

How about parking next to the library?
(図書館の横に駐車したらどう?)

He always parks in that corner.
(彼はその角にいつも駐車します)

ビジネス ▶ 預ける

I parked myself next to the fireplace on the comfortable sofa.
(私は暖炉の横にある心地よいソファに身体を預けた)

We can park the children with the in-laws this afternoon.
(私たちは今日の夕方、親戚に子どもたちを預けることができます)

一緒に覚えておこう

- ☐ parking meter 名 駐車メーター
- ☐ parking ticket 名 駐車違反
- ☐ baseball park 名 野球場《米》

75

Pool

[pu:l プール]

中学レベル ▶ 水泳用のプール

▶ Have you been to the new pool? It's huge!
(新しいプールに行った？ 巨大だよ！)

日常会話 ▶ ビリヤード

▶ Let's go shoot some pool tonight.
(今夜ビリヤードしようよ)

ビジネス ▶ 共同で〜する

▶ We need to pool our talents in order to succeed.
(成功するためには共同で経営する必要があります)

❗ 才能 (=talents) を集結するというニュアンス。

!ポイント

pool は「水たまり」から水泳用の「プール」まで、広く水溜めを示す語です。その溜めるというイメージから複数の人が箱状の玉突きゲームに賭け金を投げ込むイメージにつながり「ビリヤード」、また共同で出資、負担するという「共同出資」のイメージにもつながります。

| Pool | 水泳用のプール | ビリヤード | 共同で〜する |

よく使う表現を練習しておこう

日常会話 ▶ ビリヤード

Tom Cruise played pool in the movie *The Color of Money*.
(トム・クルーズが映画『The Color of Money』でビリヤードをしていました)

You really bought a pool table? Where did you put it?
(あなたほんとにビリヤード台を買ったの？ どこに置いたのよ?)

ビジネス ▶ 共同で〜する

Let's pool our resources and start a share-house project.
(共同でお金を出しあってシェアハウス事業を始めましょう)

We car pool to work.
(相乗りで通勤している)

一緒に覚えておこう

- □ **pool room** 名 ビリヤード場、公開賭博場
- □ **do the pools** サッカーくじにかける《英》

School

[sku:l スクール]

中学レベル ▶ 学校

▶ It's time to go to school!
(学校に行く時間です)

日常会話 ▶ （魚の）群れ

▶ Did you see many schools of fish when you went diving in the Maldives?
(モルジブにダイビングをしに行ったとき、たくさんの魚の群れを見ましたか？)

ビジネス ▶ 流派

▶ I studied the Ogasawara school of etiquette.
(私は小笠原流のマナーを学びました)

ポイント

school には「魚の群れ」という意味がありますので注意しましょう。school of fish は「魚の学校」ではありません。「魚の群れ」です。また、学問や武道の「流派」という意味でもたいへんよく使われますので覚えておきましょう。

| School | 学校 | 魚の群れ | 流派 |

よく使う表現を練習しておこう

日常会話 ▶ (魚の)群れ

The huge school of fish creating a whirlpool is awesome.
(巨大な魚の群れが渦を作っていて、すごい)

The schooling snappers look like one gigantic creature.
(タイの群れが一匹の巨大な生き物みたいに見えます)

ビジネス ▶ 流派

Believers of the Keynesian school think that demand drives the economy rather than supply.
(ケインズ学派の研究者は供給よりも需要が経済を動かすと考えています)

She didn't belong to the school of thought that believed Munch was a talented artist.
(ムンクが優秀なアーティストであると信じていた学派には彼女は所属していなかった)

一緒に覚えておこう

☐ **scholar** 图 学者、《特に》古典学者
　She is a Shakespearean scholar.(彼女はシェークスピア学者である)

☐ **scholarship** 图 奨学金

Coffee Break ①

> 皆さんは date が好きですか？

date といっても、カップルでどこかに出かける date（デート）ではありません。甘くて、焦げ茶色で、たまご型の…。さて何でしょう？ 乾燥させて食べることもできます。チッチッチッチッチッチ。正解は中東でよく食べられているフルーツのナツメです。大きさは乾燥プルーンと同じくらいで、日本では誰かのお宅におじゃますると緑茶が出てきますが、中東ではなんとこのフルーツの date がいつも出てくるんです。食べ物としての date も、ロマンティックなデートとしての date も、私の大好きな単語です。ほとんどの英単語には複数の意味があります。また、意味によって使い方も一つではありません。たった一つの単語を色々なシチュエーションで使い分ける用法をあらかじめ知っておけば、手軽に表現の幅を広げることができるのです。

中2で習った単語を UpGrade

Ear
[íər イアー]

中学レベル ▶ 耳

▶ We have two ears and one mouth so we should listen more than we talk.
(耳は2つ、口は1つ。だから私たちは話すよりも聞くべきなのよ)

日常会話 ▶ トウモロコシ(や麦の穂、もろこし)の数え方

▶ How many ears of corn would you like today?
(今日はトウモロコシをいくつほしい?)

ビジネス ▶ 音感(傾聴)

▶ She's a singer so of course she has an ear for music!
(彼女は歌手なので、もちろん音感を持っています)

ポイント

トウモロコシの数え方が ear(耳)とは驚く人も多いのではないでしょうか。コーンのつぶが耳みたいに出ていると思えば、少しは覚えやすいかもしれません。耳という語のため、「音感」という意味や、gain one's ear で「〜の耳を獲得する＝〜に聞いてもらう」という連想はうまくいくでしょう。

| Ear | 耳 | トウモロコシの数え方 | 音感 |

よく使う表現を練習しておこう

日常会話 ▶ トウモロコシ（や麦の穂、もろこし）の数え方

In art, ears of wheat are often a symbol of an awakening.
（芸術において、小麦の穂はよく目ざめのシンボルとされます）

I love Vincent van Gogh's *Ears of Wheat*.
（私はヴィンセント・ヴァン・ゴッホの小麦の穂が好きです）

ビジネス ▶ 音感（傾聴）

What can I say to gain the president's ear?
（大統領に聞いて頂くために何と言えばいいでしょうか？）

He can play any tune by ear.
（彼は絶対音感でどんな曲も奏でることができる）

一緒に覚えておこう

□ catch one's ears　聞こえて来る、耳に入る

Heel
[hi:l ヒール]

中学レベル ▶ ハイヒール

▶ **Those heels are 12 centimeters high!**
(その**ハイヒール**の高さ、12センチよ！)

日常会話 ▶ 人間の踵(かかと)

▶ **My socks always get a hole in the heel.**
(私の靴下はいつも踵に穴が空く)

ビジネス ▶ すぐ後ろについていく(従う)

▶ **The puppy won't heel.**
(子犬が**ついて**こない)

!ポイント

heel は足の一番後ろにある「踵」のことです。その印象から「すぐ後ろをついていく、従う」という意味があります。heal（癒す）と同じ発音なので、動詞で使われる場合は判別に注意しましょう。

| Heel | ハイヒール | 人間の踵 | すぐ後ろについていく |

よく使う表現を練習しておこう

日常会話 ▶ 人間の踵

I can hardly walk because there's a pain in my heel.
(踵が痛くてほとんど歩けません)

Can you believe that I got a blister on my heel?
(踵に水膨れができたんだけど、信じられる?)

ビジネス ▶ すぐ後ろについていく(従う)

My son threatened to sue the company and they finally heeled.
(私の息子は会社を訴えると脅し、彼らはついに従いました)

The cop was on the heels of the outlaw.
(その警官は犯罪者を尾行していた)

一緒に覚えておこう

- ☐ **toe** 名 つま先
- ☐ **heal** 動 癒す、なおる
- ☐ **heel out** 〔ラグビー〕(スクラムのときかかとで球を後方に)送り出す

Head
[hed ヘッド]

中学レベル ▶ 頭

▶ My **head** hurts.
(頭が痛みます)

日常会話 ▶ 団体の長

▶ He was the **head** of a consulting firm.
(彼はコンサルティング会社の社長でした)

ビジネス ▶ 進む方向

▶ Where are we **heading** now?
(いまどこに向かっているの？)

！ポイント

日本語でもお頭（かしら）という言葉があるように head が「団体の長」を示すことは分かりやすいですね。頭を向ける先が「進む方向」であるのもすぐにピンと来ます。

| Head | 頭 | 団体の長 | 進む方向 |

よく使う表現を練習しておこう

日常会話 ▶ 団体の長

She reluctantly agreed to head the research team.
(彼女は研究チームのリーダーになることをしぶしぶ同意しました)

They were always competing to be the head of the class.
(彼らはいつもクラスのリーダーになるため競争していました)

ビジネス ▶ 進む方向

I'm not sure the company is headed in the right direction.
(会社が正しい方向に向かっているのか、私には分からない)

Let's head to the cafeteria after the meeting.
(会議のあとにカフェに向かいましょう)

> 一緒に覚えておこう

- □ newspaper heading 名 新聞の見出し
- □ news head line 名 ニュースの見出し
- □ headquarters 名 本部、本社

Lap
[læp ラップ]

CD 40 日▶英

> アンカーの責任は大きい

中学レベル ▶ 膝(ひざ)

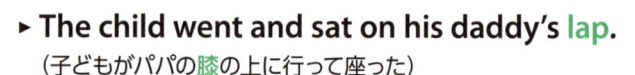

▶ The child went and sat on his daddy's lap.
（子どもがパパの膝の上に行って座った）

日常会話 ▶ トラックや道路の一周

▶ Coach, how many laps do you want us to run?
（コーチ、僕たちに何周走ってほしいんですか？）

ビジネス ▶ 責任

▶ All the overtime work landed on my lap.
（すべての超過勤務は私の責任となった）

!ポイント

lap は「膝」を示しますが、正確には座ったときにできる膝から腰(こし)まで子供がその上で抱かれる範囲を示します。一方、knee（膝）はピンポイントに「膝」のみを示します。子供が抱かれるというイメージから「包む→ひと巻き→1周」という語の広がりが生まれました。

| Lap | 膝 | トラックや道路の一周 | 責任 |

よく使う表現を練習しておこう

日常会話 ▶ トラックや道路の一周

The runner was one lap behind.
(そのランナーは1周遅れでした)

The racer had to retire on the eighth lap because of engine trouble.
(レーサーはエンジントラブルのために8周目で棄権しなければならなかった)

ビジネス ▶ 責任

Don't drop the project on my lap, please.
(この企画を私の任務にしないでください)

He dumped the problems on my lap.
(彼は問題をすべて私の所に持ってきた)

一緒に覚えておこう

- □ **wrap [rap]** 動 巻く、くるむ
  意味も同じで、カタカナでは発音も同じ見えますが、実際は l と r で全く別の発音なので注意。
- □ **fall into someone's lap** 名 棚ぼた
  棚からぼたもち＝予期せぬラッキー。

Rock
[rɑk ラック]

中学レベル ▶ (音楽の)ロック

▶ I used to listen to a lot of punk rock when I was young.
(若い頃はたくさんパンクロックを聞いたものです)

日常会話 ▶ ダイヤモンド

▶ Is that rock on your finger real?
(あなたの指のダイヤ、本物？)

ビジネス ▶ 大変な状態

▶ The politician's scandal rocked the whole town.
(政治スキャンダルは町全体を大変な状態にしました)

ポイント

rock は stone より大きめの岩石のことです。そこからダイヤモンドを意味するときに一般に使われるようになりました。また、The ship ran upon the rocks. (船が暗礁に乗り上げた)という「暗礁・岩礁」という意味から、「大変な状態」を示すときにも使われます。

| Rock | ロック | ダイヤモンド | 大変な状態 |

よく使う表現を練習しておこう

日常会話 ▶ ダイヤモンド

I didn't want to wear a rock on my hand just yet.
(私はまだダイヤモンドを身につけたくありませんでした)

❗ I don't want to get married yet. と同じ意味です。

Did you see that glittering rock on her finger?
(彼女の指の華やかなダイヤモンドを見た？)

ビジネス ▶ 大変な状態

His marriage is on the rocks again.
(彼の結婚はまたひどいことになっています)

The business that we invested heavily in is on the rocks.
(我々が重点投資したビジネスが大変な状況になっています)

一緒に覚えておこう

- ☐ rock the boat　波風たてる
- ☐ you are my rock　信頼してるぜ
- ☐ You rock!　イケてる！
- ☐ rock bottom　どんぞこ

Tap
[tæp タップ]

中学レベル ▶ コツコツという音

▶ **The dripping tap kept me awake all night!**
(滴が落ちる音で一晩中目が覚めていたの！)

日常会話 ▶ 軽くたたく

▶ **Tap the touch panel to start.**
(始めるにはタッチパネルを軽くたたきます)

ビジネス ▶ 指名する(活用する)

▶ **We can tap some new resources while we're there.**
(そこにいる間、私たちは新しい資源を活用できます)

！ポイント

tap のコアなイメージは「軽くたたく」です。スマートフォンやタブレットの、トン、とたたく操作をタップと言いますね。上司に肩をトントンとたたかれ、仕事を任されるイメージから、「〜を指名する、活用する」という意味でもよく使われます。

| Tap | コツコツという音 | 軽くたたく | 指名する |

よく使う表現を練習しておこう

日常会話 ▶ 軽くたたく

She quietly tapped away on her tablet.
(彼女はタブレットを静かにたたいた)

I was startled when a stranger tapped me on the shoulder.
(知らない人が私の肩を軽くたたいたとき、私は飛び上がりました)

ビジネス ▶ 指名する(活用する)

The daughter was tapped to succeed her father in running the family business.
(娘が父の跡を継ぎ、家業を経営するよう指名されました)

The novelist tapped her own experiences for the book.
(その小説家は本を書くために彼女自身の体験を活用しました)

一緒に覚えておこう

- □ **tap dance** 名 タップダンス (靴の先や踵で床を打ちながら踊るダンス)
- □ **tap water** 名 水道水
  tap には「蛇口」という意味もあります。ただしアメリカでは蛇口のことを faucet と言います。

Cast
[kæst キャスト]

中学レベル ▶ 映画や芝居の役者

▶ Leonardo DiCaprio is cast in the latest Spielberg movie.
(レオナルド・ディカプリオは最新のスピルバーグ映画の出演者です)

日常会話 ▶ ギブス

▶ I broke my left leg and it's in a cast.
(左脚を骨折してギブスをはめています)

ビジネス ▶ 投げる

▶ Cast your fears aside.
(恐怖を投げ捨てろ)

> **ポイント**
>
> cast はキャストでおなじみ、「役者」を示しますが、「～に（票）を投じる」という意味があり、それが「（劇の）配役を決める」に発展し、そこから「役者」という意味で広く使われるようなりました。英語圏ではギブスを cast と言いますので知っておきましょう。

| Cast | 映画や芝居の役者 | ギブス | 投げる |

よく使う表現を練習しておこう

日常会話 ▶ ギブス

When will they remove your cast?
(いつギブスをはずせるの？)

When they took off my cast, I saw that my leg was shriveled.
(彼らが私のギブスを取り外したとき、私の脚は細くなっていました)

ビジネス ▶ 投げる

The manager cast the report to the far end of the long table.
(マネージャーは長いテーブルの遠い端に、報告書を投げました)

When I don't know what to do, I just cast some dice.
(どうすべきかわからないとき、私はただサイコロを投げます)

❗ dice (サイコロ) は普通2個以上を同時に振ることから複数扱い。

一緒に覚えておこう

- ☐ **cast a vote** 投票する
- ☐ **caster** 图 (椅子などの) キャスター、輪
- ☐ **castaway** 图 漂流者、見捨てられた人
  away (遠く) に cast (投げられた) というイメージ

Diet
[dáiət ダイエット]

毎朝ボクは味噌汁さ

中学レベル ▶ ダイエット

▶ **Fad diets usually don't work.**
（流行の**ダイエット**はたいてい効果がありません）

❗ fad は「一時的な熱中」「気まぐれな熱狂」。

日常会話 ▶ 食生活

▶ **A balanced diet is the key for maintaining good health.**
（バランスのとれた**食生活**は健康を維持するための鍵です）

ビジネス ▶ お決まりのこと（日々の）

▶ **A steady diet of propaganda will convince anybody.**
（繰り返し**お決まり**の宣伝を打つことで、みんなを納得させられる）

❗ ポイント

体重を減らすという意味で日本で浸透したダイエット。もともとは体調管理のため「規定食＝食事を制限する」という意味で使われ、その習慣的な行為を背景に「お決まりごと」「日々の変わらないもの」というイメージが派生しました。

	Diet	ダイエット	食生活	お決まりのこと

よく使う表現を練習しておこう

日常会話 ▶ 食生活

It seems that many people are on a vegan diet these days.
(多くの人々が近頃、野菜中心の食事をしているようです)

He should eat a diet low in sugar.
(彼は糖分が少ない食生活をするべきです)

ビジネス ▶ お決まりのこと（日々の）

Children raised on a daily diet of kindness will have empathy.
(日々、優しさに包まれて育てられた子供たちは感受性が豊かになります)

A diet of media diversity is necessary to make fair assessments.
(公平な評価をするためには、日々のメディアに多様性が必要です)

一緒に覚えておこう

- [ ] **the Diet** 名 国会、議会
  the Japanese Diet（日本の国会）
- [ ] **dietician** [dàiətíʃən] 名 栄養士、栄養学者
  アクセント注意！

Bound
[baʊnd バウンド]

中学レベル ▶ 跳ねる

▶ **My heart bounded with expectation.**
（私の胸は期待にはずんだ）

日常会話 ▶ ～行き

▶ **This train is bound for Paris.**
（この列車はパリ行きです）

ビジネス ▶ 境界

▶ **Canada bounds on the United States.**
（カナダはアメリカ合衆国と国境を接している）

（いざ、パリへ）

> **！ポイント**
>
> バウンドする、の bound です。その跳ねるというイメージから「～行き」と連想してみましょう。覚えましたね。さらにもう一つ、border や boundary と同じ「境界」「限界」という意味があります。

| Bound | 跳ねる | ～行き | 境界 |

よく使う表現を練習しておこう

日常会話 ～行き

This flight is bound for New York's JFK International Airport.
（このフライトはニューヨークのJFK空港行きです）

The economy is bound for trouble if we keep the interest rates as they are.
（我々が今のままの金利を保つと経済はトラブルに向かいます）

ビジネス 境界

This river marks the ancient bounds of their territory.
（この川は昔の彼らの領域を示しています）

His imagination knows no bounds!
（彼の想像力には限界というものがないね！）　　❗ 限界という意味でもよく使います。

一緒に覚えておこう

- **be bound to ～**　確かに～するはず（＝certain）
  Our team is bound to win.（我がチームは必ず勝つ）
- **a boundary line** 名 境界線

Board
[bɔːrd ボード]

中学レベル ▶ 板

▶ Please make a hole in that board.
(あなたはその板に穴を開けなさい)

日常会話 ▶ (乗り物に)搭乗する

▶ Can I carry this on-board?
(これは機内持ち込みできますか?)

ビジネス ▶ 役員会(理事会、取締役員)

▶ He is a board member of Chihiro Art Museum.
(彼はいわさきちひろ美術館の役員会のメンバーです)

ポイント

boardはスケートボードやサーフボードでも分かるとおり何かを乗せる「板」が中心的イメージです。「(人を一時的に)下宿させる」という意味も持ち、貸し部屋(板)が提供されることに由来します。旅客機のboarding passも、かつては船の甲板(board)に一時的に身を置く権利を得たことから用法が発展しました。「板=議論のテーブル」→「重役会議、役員会」も意味します。

| Board | 板 | 搭乗する | 役員会 |

よく使う表現を練習しておこう

日常会話 ▶ (乗り物に)搭乗する

How many people are on board?
(乗客は何人ですか?)

Please do not run to board the train.
(駆け込み乗車はおやめください)

ビジネス ▶ 役員会(理事会、取締役員)

The board has seven members.
(理事会には7人の理事がいます)

He will attend a meeting of the board of directors at 2:00 p.m.
(彼は午後2時に取締役会に出席します)

一緒に覚えておこう

- □ **boarder** 名 下宿人、寮生
- □ **border** 名 へり、縁、国境
  スペルに注意! ボーダーラインのボーダーはこちらです。
- □ **the board of directors** 名 取締役会、理事会

Jam
[dʒæm チャム]

渋滞につかまって大ピンチ！

中学レベル ▶ (果物の)ジャム

▶ Yummy! Blueberry jam is my favorite!
(おいしい！ ブルーベリージャムは私の大好物よ！)

日常会話 ▶ 交通渋滞(混雑)

▶ I was stuck in a traffic jam for two hours.
(私は2時間交通渋滞で動けなかったです)

ビジネス ▶ ピンチ

▶ I'm in a jam and I don't know what to do.
(手詰まりなんだ。何をすべきか分からない)

!ポイント

jam のコアイメージは「ぎっしり詰め込む」です。クルマがぎっしり詰まった「交通渋滞」はまさにこのイメージ。「手詰まり」になり、ピンチな状態を表すときにもよく使います。

| Jam | ジャム | 交通渋滞 | ピンチ |

よく使う表現を練習しておこう

日常会話 ▶ 交通渋滞（混雑）

The concert was jam packed with people.
（コンサートは人でごった返していた）

The fans jammed the hallway and the superstar couldn't get through.
（ファンがホールの通りに殺到して、スターは通り抜けられなかった）

ビジネス ▶ ピンチ

She helped a friend out of a jam.
（友人がピンチを脱するため彼女は手を貸した）

The paper in the new printer is jammed again.
（新しいプリンターの紙がまた詰まりました）

一緒に覚えておこう

☐ **jam-packed**　ぎゅうぎゅうに詰め込んだ
　The hall was jam-packed with people.（ホールは人ですし詰めでした）
　a jam-packed train（ぎゅうぎゅう詰めの列車）

Fix
[fiks フィクス]

中学レベル ▶ 直す

▶ Can you **fix** this broken toy?
(この壊れたオモチャを直せる？)

日常会話 ▶ 固定する

▶ **Fix** the hook on the wall.
(壁のフックに固定して)

ビジネス ▶ 元気になるもの

▶ I need a quick **fix** of coffee to refresh my mind.
(気分をリフレッシュするためにはコーヒーの目覚まし効果が必要だ)

❗ sleepy（眠い）状態から fix of coffee で元気に。

❗ポイント

fix は多彩な意味で使われる単語です。語源はラテン語の fixus（固定された）。「直す」という意味もあり、その回復するというイメージから「一服する（休みをとる）と元気になるもの」も fix と言います。

| Fix | 直す | 固定する | 元気になるもの |

よく使う表現を練習しておこう

日常会話 ▶ 固定する

He won't change his mind. His mind is fixed.
(彼は心変わりしないでしょう。彼の気持ちは固まっています)

She fixed her eyes on the handsome man.
(彼女はハンサムな男性に目が釘付けになった)

ビジネス ▶ 元気になるもの

An addict would do anything for a fix.
(あの中毒患者は覚せい剤を打つためなら何でもする)

I'm dying for a fix of sushi right now.
(いま死ぬほどお寿司が食べたい)　❶ hungry (腹へった) 状態から fix of sushi で元気に。

一緒に覚えておこう

- ☐ **fixed star** 名 恒星
  この太陽系の恒星は太陽です。恒星は動かないのが特徴です。
- ☐ **fixer** 名 まとめ役、調停者、フィクサー
  非合法の裏工作をする調停者をフィクサーと言います。

Party

[pá:rti パーティー]

魔法家御一行

中学レベル ► パーティー

► I'm having a birthday party on Sunday.
(日曜日に誕生日パーティーがあります)

日常会話 ► 政党

► A donkey is the symbol of the U.S. Democratic Party.
(ドンキーはアメリカ民主党のシンボルです)

ビジネス ► 御一行

► How many people in your party, sir?
(何名様の御一行でしょうか?)

> **ポイント**
>
> 社交上の集まりを示すパーティーはおなじみですが、同じように「集まり」というキーワードから政治の「派閥」「政党」を表します。また、客としての「御一行」を表すこともできます。

| Party | パーティー | 政党 | 御一行 |

よく使う表現を練習しておこう

日常会話 ▶ 政党

Do you support liberal parties or conservative ones?
(あなたは自由派？ それとも保守派？)

We are an independent party.
(私たちは無所属です)

ビジネス ▶ 御一行

Yes, we have a dining room big enough for a party of 100.
(はい、100人様御一行に十分対応できる大きいダイニングルームがあります)

I am a party member.
(私も団体の一人です)

一緒に覚えておこう

- □ sleepover party 名 お泊まり会
- □ party discipline 名 党の規律
- □ a party leader 名 党首

Top
[tap タップ]

中学レベル ▶ 上

▶ It's on the **top** shelf.
(それは上の棚よ)

日常会話 ▶ フタ

▶ This **top** is too tight and I can't open it.
(このフタが硬すぎて開けられません)

ビジネス ▶ 超える

▶ Nobody can **top** his world record.
(誰も彼の世界記録を超えることはできない)

!ポイント

ランキングのトップ10でもおなじみ top は「上」が根幹を成す意味です。たいていのドリンクのボトルには top（上）にフタがついていますので、「フタ」をも意味するようになりました。とりわけビジネスでは「～を超える」という意味で使うことが多いです。

| Top | 上 | フタ | 超える |

よく使う表現を練習しておこう

日常会話 ▶ フタ

Has anybody seen the top of this jar?
(誰かこのビンのフタを見た?)

Screw tops or wine corks?
(ねじぶたまたはワイン・コルク?)

ビジネス ▶ 超える

Our exports have topped 10 million units.
(我々の輸出品は1000万点を超えました)

Would you believe he topped the offer by 20%?
(なんと20%増のオファーを提示した)

一緒に覚えておこう

- □ **from top to bottom**　頭のてっぺんから足のつま先まで、すっかり (=completely)
- □ **top level**　首脳の、最高級の
    a top level conference　首脳会談

Date

[deit デイト]

フ、フロッピーですか…

中学レベル ▶ 日付

> Excuse me, what's the date?
> (すみません、何日ですって？)

日常会話 ▶ アポ（約束）

> I have a date with the tax authorities on Monday.
> (私は月曜日に税務職員と約束をしています)

ビジネス ▶ 時代遅れ（古臭い）

> These photos make the room look dated.
> (これらの写真が部屋を古臭く見せている)

! ポイント

日付を表す date であることから、「約束」の日時を取り付ける意味は想像しやすいでしょう。また古い日付をさかのぼる際にも使われる語であることから、「時代遅れ」「古臭い」というニュアンスで使うことも多いです。

| Date | 日付 | アポ | 時代遅れ |

よく使う表現を練習しておこう

日常会話 ▶ アポ(約束)

Let's set a date.
(日程を決めましょう)

How about a date on Friday?
(金曜日にデートしない?)

ビジネス ▶ 時代遅れ(古臭い)

The cars parked in the background date the pamphlet.
(パンフレットに載っている車が古い時代を物語っています)

Truly good movies hardly date at all.
(本当に良い映画はまったく色あせない)

一緒に覚えておこう

- □ **date line** 名 日付変更線
  東経または西経180度の子午線のことです。
- □ **out of date** 時代遅れの、旧式の

111

Ink
[iŋk インク]

中学レベル インク

- I need a pen with blue or black ink.
  (青か黒インクのペンが必要です)

日常会話 イカやタコの墨

- Just one spoonful of squid ink will color the whole dish of pasta.
  (たったスプーン一杯のイカ墨がパスタ皿全体に色をつけます)

ビジネス 契約にはんこを押す

- The agreement was inked yesterday.
  (協定は昨日署名されました)

ポイント

ink (インク) の黒のイメージが、「イカ墨」や「タコ墨」を連想させるまでは想像しやすいですが、契約書などに「サイン」「署名する」という口語的な意味も持っています。ビジネスの世界では時々でてきますが、一度覚えておけば、もう意味を取り違えたりすることもないでしょう。

| Ink | インク | イカやタコの墨 | 契約にはんこを押す |

よく使う表現を練習しておこう

日常会話 ▶ イカやタコの墨

How about some squid ink risotto tonight?
(今夜はイカ墨リゾットにするのはどう?)

I can't believe you put squid ink in bread! Is it any good?
(パンにイカ墨を塗るなんて信じられない。おいしいの?)

ビジネス ▶ 契約にはんこを押す

I hope we'll be able to ink the contract by the end of the month.
(我々が月末までに契約にサインできることを願っています)

We finally inked a deal with the distributor.
(我々はついにその卸売業者との契約にサインしました)

一緒に覚えておこう

☐ **inkling** 名 うすうす知っていること、暗示 (= hint)

I had an inkling of what he intended to do.
(彼が何をするつもりなのかうすうす感づいていた)

I gave him an inkling of the fact. (彼に事実をほのめかしておいた)

Ocean

[óuʃən オウシャン]

誰もいないブルーオーシャンへ

中学レベル ▶ 海

▶ Have you ever seen the Atlantic Ocean?
(これまでに大西洋を見たことがありますか?)

日常会話 ▶ すごくたくさん

▶ I have an ocean of emails on my office computer that I need to answer.
(会社のコンピュータに返事が必要なEメールがすごくたくさんあります)

ビジネス ▶ 市場 (=market)

▶ Creating blue oceans builds brands.
((競合相手がいない) ブルーオーシャンを発見することはブランドを構築する)

> **ポイント**
>
> ひろびろとした広がりを言うのに比喩的に使われることが多い語です。競争の激しい既存市場をレッド・オーシャン (血で血を洗う競争の激しい領域) とし、競争のない未開拓市場であるブルー・オーシャン (競合相手のいない領域) を切り開くべきだと説かれた Blue Ocean Strategy (戦略) はビジネスで近年よく耳にする語となりました。

| Ocean | 海 | すごくたくさん | 市場 |

よく使う表現を練習しておこう

日常会話 ▶ すごくたくさん

She has an ocean of fans waiting for her at every city.
(どの都市に行っても彼女を待つファンがすごくたくさんいます)

That continent still has an ocean of problems.
(その大陸はいまだにたくさんの問題を抱えています)

ビジネス ▶ 市場 (=market)

Kim and Mauborgne suggested that Blue Ocean strategy makes the competition irrelevant.
(キムとモボーニュはブルーオーシャン戦略が競争をなくすと主張しました)

Instead of competing in existing market space, you should create blue oceans.
(既存の市場で争うより、誰もいない市場を自らが創れ)

一緒に覚えておこう

- ☐ the Pacific Ocean 名 太平洋
- ☐ the Atlantic Ocean 名 大西洋
- ☐ the Indian Ocean 名 インド洋

Plastic

[plǽstik プラスティック]

> Cash or plastic?
> ビニール傘ください

中学レベル ▶ プラスチック

▶ It's a big plastic bucket.
（大きなプラスチックのバケツです）

日常会話 ▶ ビニール

▶ I'd like a paper bag instead of a plastic one.
（ビニール袋の代わりに紙袋をいただけますか）

ビジネス ▶ クレジットカード

▶ We accept cash or plastic for payment.
（お支払いは現金かクレジットカードを受け付けています）

! ポイント

plastic は辞書には載っていない使われ方のほうが多い語です。英語では「ビニール袋」のことを plastic bag といいます。また credit card（クレジットカード）も簡略化して plastic と呼びます。

| Plastic | プラスチック | ビニール | クレジットカード |

よく使う表現を練習しておこう

日常会話 ▶ ビニール

Let's get a plastic umbrella at that convenience store.
(コンビニでビニール傘を買いましょう)

This plastic shelf paper doesn't stain.
(このビニール素材の棚の紙はシミがつきません)

ビジネス ▶ クレジットカード

You've got to stop using plastic money like that.
(そんなふうにクレジットカードを使うのはよしなよ)

She used plastic to pay for her new outfit.
(彼女は洋服一式を買うためにクレジットカードを使いました)

一緒に覚えておこう

□ **plastic surgery** 名 形成外科
  plastic には「形を造る」「人工的な」というコアなイメージがあります。

□ **plastic smile** 名 作り笑い

Label

[léibəl レイブル]

中学レベル ▶ 名札

▶ The bottle had a label with the words "poison" on it.
(ボトルには「毒」と書かれたラベルがありました)

日常会話 ▶ 分類される

▶ I think it's difficult to label Chagall's art.
(シャガールの芸術を分類するのは難しいと思います)

ビジネス ▶ ブランド

▶ My husband likes designer labels.
(夫はデザイナーブランドが好きです)

ポイント

何かを貼って札を立てるイメージが label です。「分類される」という意味はそこから類推できます。さらに分類され、特化、洗練された印象は一つの「ブランド」として確固たる地位を得ます。

| Label | 名札 | 分類される | ブランド |

よく使う表現を練習しておこう

日常会話 ▶ 分類される

The label "classic" is applied to many kinds of furniture.
(「クラシック」という分類は、多くの種類の家具に適用されます)

I hate being labeled an outsider.
(私は部外者というレッテルをはられるのが嫌いです)

ビジネス ▶ ブランド

The Harry Winston label is one of the most famous in the world.
(ハリー・ウィンストンは世界で最も有名なブランドの1つです)

Many high-end department stores carry that label.
(多くの高級デパートがそのブランドを扱っています)

一緒に覚えておこう

□ **a mailing label** 宛名ラベル
　届け先へ「分類」することが、ラベルという固有名詞の由来です。

Line

[lain ライン]

> ボクの職業は役者です

中学レベル ▶ 線

> There's an ugly electric power line right outside my window.

(景観を害す電線が窓のすぐ外にあります)

日常会話 ▶ セリフ

> This line is difficult for me.

(このセリフは私には難しい)

ビジネス ▶ 職業

> What line of work are you in?

(どんな職業にあなたはついていますか?)

!ポイント

line のコアなイメージは「線」ですが、そのほか芝居などの台本に書かれた文字列を読むことから「セリフ」という意味もあります。また、line of business(職業の系統)を line に略して「職業」の意味でも使われています。

| Line | 線 | セリフ | 職業 |

よく使う表現を練習しておこう

日常会話 ▶ セリフ

Have you memorized your lines yet?
(あなたはもうセリフを覚えていますか?)

I spent all weekend learning the lines.
(セリフを覚えるために週末の時間をすべて使いました)

ビジネス ▶ 職業

Statistics is not in my line so I'm not your candidate.
(統計学は私の専門ではないので、あなたの候補にはなれません)

He was injured in the line of duty.
(彼は職務で負傷しました)

一緒に覚えておこう

- ☐ **He's on another line.** (彼は他の電話に出ています)《電話》
- ☐ **Hold the line, please.** (そのままお待ちください)《電話》
  line は「電話線」という意味でもおなじみですね。

Stick

[stik スティック]

う、うごけない

中学レベル ▶ ステッキ(杖)

▶ Have you seen Grandma's walking stick?
(おばあちゃんの歩行用の杖を見た?)

日常会話 ▶ 突き刺す

▶ You should use a big nail to stick the hook on the wall.
(壁にフックを突き刺すには大きな釘を使うべきです)

ビジネス ▶ 接着(動けない)

▶ Stick the postcard on the wall with some tape.
(テープで壁にポストカードをくっつけて)

ポイント

stick とは「棒きれ」のことですが、動詞になるとその物体のイメージのとおり、「突き刺す」「動けなくする」という意味で使うことが可能です。

| Stick | ステッキ | 突き刺す | 接着 |

よく使う表現を練習しておこう

日常会話 ▶ 突き刺す

Stick small pieces of chicken on a skewer to make *yakitori*.
(焼き鳥を作るため、小さく切ったチキンにくしを刺して固定して)

"She **sticks** a gun to his head" the acting script says.
(「彼女は彼の頭に拳銃を突きつける」と台本に書いてあります)

ビジネス ▶ 接着(動けない)

I'm **stuck** at the airport because my flight has been cancelled.
(フライトが中止になったため、私は空港から動けません)

The drawer is **stuck** so I can't open it.
(引き出しがくっついていて、開けられない)

一緒に覚えておこう

- □ **stick to ～** (仕事などを)やり通す
  Stick to your job. (仕事を熱心にやりなさい)
- □ **carrot and stick** アメとムチ
- □ **sticky** 形 ねばねばする

Monkey
[mʌ́ŋki マンキー]

中学レベル ▶ 猿

▶ Have you seen the macaque monkeys near the hot springs?
(温泉の近くでマカクザルを見ましたか？)

日常会話 ▶ ふざける（遊ぶ）

▶ My son is a mischievous monkey!
(私の息子はいたずらっ子です！)

ビジネス ▶ イジる（勝手に変更する）

▶ He was monkeying with the program when he found the software had a big hole.
(プログラムをイジっていたらソフトウェアに大きな穴があることを見つけた)

!ポイント

monkey は「いたずらっ子」です。ふざけたり、何かをいじくり回したり、手に負えないイメージがあり、そんなときに動詞での使い方をよく耳にします。

| Monkey | 猿 | ふざける | イジる |

よく使う表現を練習しておこう

日常会話 ▶ ふざける（遊ぶ）

You two have to stop monkeying around and get back to studying!
（あんたたち2人とも、ふざけるのをやめて勉強に戻りなさい！）

If you keep monkeying about I'm going to have to punish you. （ずっとふざけるつもりなら、罰を与えますよ）

ビジネス ▶ イジる（勝手に変更する）

Someone monkeyed with the documents and the information is missing! （誰かが書類を改ざんして情報が消えています）

Come on, don't monkey with my new computer.
（コラッ、僕の新しいコンピュータを勝手にイジるな）

一緒に覚えておこう

□ **Monkey business** 名 いんちき

He is up to some monkey business.（彼は何かいんちきをしようとしている）

Fair
[fɛər フェア]

今日はかなり絵が売れた

中学レベル ▶ 公平な

▶ Sportsmanship means to play fair.
(スポーツマンシップの意味は公平にプレイすることです)

日常会話 ▶ 博覧会(展示会)

▶ The international art fair will be held in Kagoshima.
(国際美術展覧会が鹿児島で開かれます)

ビジネス ▶ かなりの

▶ Yes, a fair amount of publicity will be needed to make our product known.
(はい、私たちの製品を知ってもらうには、かなり多くのパブリシティが必要になるでしょう)

!ポイント

fair は moderate と同じ「公平な、適度な」という意味がありますが、一方で a lot や a significant のように「かなりの」という程度の強さを表す言葉にもなります。

| Fair | 公平な | 博覧会 | かなりの |

よく使う表現を練習しておこう

日常会話 ▶ 博覧会(展示会)

Are you going to the career fair next week?
(来週の就職説明会に行くつもりですか?)

She won a large stuffed animal at the fair!
(彼女は展覧会で大きな動物のぬいぐるみを獲得しました)

ビジネス ▶ かなりの

A fair number of meetings will take place before the contract is signed.
(契約にサインする前に、かなり多くの会議が予定されています)

We sold a fair amount of farmed salmon last year.
(私たちは昨年かなり多くの養殖サーモンを売りました)

一緒に覚えておこう

- □ **fairly** 副 かなり
  Mari speaks English fairly well. (マリは英語をかなり上手に話します)
- □ **fairy** 名 妖精

Coffee Break ②

> 発音も複数ある単語があります。

たとえばpotato。カタカナの日本語と同じように「ポテト」と発音する人もいれば、「ポテイトゥ」と発音する人もいます。どちらも正解です。tomatoも同様に「トマト」と発音する人もいれば、「トメイトゥ」と発音する人がいます。どちらも正解です。皆さんはこうした異なる発音を巡ってカップルが言い争いをする有名な曲をご存じでしょうか。タイトルは『Let's Call The Whole Thing Off』。映画『Shall We Dance?』でも出てきた曲です。あのジャズの名手エラ・フィッツジェラルドとルイ・アームストロングもデュエットしてレコードを出しています。まだ聞いたことのない人はぜひCDやYouTubeなどで聞いてみてください。ストーリーのある、楽しいジャズソングです。カップルの言い争いは最後にはどうなるのか。ぜひ聞いてください！

中3で習った単語を UpGrade

3

Fit [fit フィット]

中学レベル ▶ ぴったり合う

▶ This suit doesn't fit me.
(このスーツは私に合わない)

❗ suitは一着の場合は単数形でsが付きませんので注意。

日常会話 ▶ 健康を保つ

▶ I do radio exercises every morning to keep fit.
(健康のために私は毎朝ラジオ体操をします)

ビジネス ▶ 感情の爆発

▶ Our boss often throws a fit.
(私の上司はよく感情を爆発させます)

ポイント

fitness(フィットネス＝健康)という言葉を思い浮かべれば、fitが「健康を保つ」という意味を持つことがすぐに理解できるでしょう。また、「発作」や「引きつけ」という一時的興奮をfitと言うことから、「感情の爆発」を意味することもあります。

| | Fit | ぴったり合う | 健康を保つ | 感情の爆発 |

よく使う表現を練習しておこう

日常会話 ▶ 健康を保つ

She stays fit by doing yoga.
(彼女はヨガで健康を維持しています)

I am feeling very fit, thank you.
(とても状態は良好です。ありがとう)

ビジネス ▶ 感情の爆発

She yelled at him in a fit of jealousy.
(彼女は嫉妬の感情を爆発させて彼を怒鳴りつけた)

In a fit of anger the superior said some things he later regretted.
(怒りに任せて彼はのちに後悔することになる言葉を言ってしまった)

一緒に覚えておこう

- ☐ fitness 名 健康、元気
- ☐ fitting room 名 試着室

Relief

[rilíːf リリーフ]

> ノーアウト満塁のピンチ。代わってもらってホッとした。

中学レベル ▶ ホッとする

▶ What a relief to know that everyone arrived safely!
（みんな無事に到着したとわかってホッとしました）

日常会話 ▶ 公的な支援

▶ Relief efforts need to be stepped up.
（救援活動は促進される必要があります）

ビジネス ▶ 解放

▶ After the scandal, I was relieved of my duties at the post office.
（スキャンダルの後、私は郵便局を解任されました）

ポイント

安心感を表す relief は、それをもたらす「救助」「公的な支援」という意味を持っています。「交替」してもらうことによって、安心する場合もありますね。

| Relief | ホッとする | 公的な支援 | 解放 |

よく使う表現を練習しておこう

日常会話 ▶ 公的な支援

People all around the world sent relief to the earthquake victims. （世界中の人々が地震被害地に救援物資を送りました）

I voted against the debt relief pact.
（私は債務救済協定に反対して投票をしました）

ビジネス ▶ 解放

The change in law will give relief to people who have been fined for filing their taxes late.
（法改定は税金申告の遅れのため罰せられてきた人々の負担を軽減しました）

Who's the relief pitcher?
（リリーフのピッチャーは誰？）

> 一緒に覚えておこう

- □ relieve 動 〜を安心させる、取り除く
    relief の動詞形です。
- □ relieved 形 ホッとした

Blow
[bloʊ ブロウ]

中学レベル ▶ 打撃

▶ It was a knockout body blow.
（ボディブローの一発でノックアウトでした）

日常会話 ▶ 吹く

▶ He was blowing a trumpet.
（彼はトランペットを吹いていました）

ビジネス ▶ しくじる

▶ I had my chance but I blew it big time.
（チャンスでしたが、私は台無しにしました）

!ポイント

「強打」というイメージの強い blow ですが、The wind is blowing hard.（風が強く吹いている）という天気の表現でもよく使われます。ビジネスの世界では、「吹き飛ばされる→パーになる、失敗する」という意味でよく耳にする語です。

| Blow | 打撃 | 吹く | しくじる |

よく使う表現を練習しておこう

日常会話 ▶ 吹く

We can blow away your worries!
(私たちはあなたの悩みを吹き飛ばすことができます!)

Blow out the birthday candles in one go!
(一回で誕生日のろうそくを吹き消してね!)

ビジネス ▶ しくじる

Don't blow this opportunity!
(このチャンスをしくじらないで!)

I blew all my money on the risky transaction.
(私は危険な取引でお金を全部失いました)

一緒に覚えておこう

- □ **blow my nose** 鼻をかむ
- □ **blow-dry** ヘヤードライヤーで髪を乾かす
  I blow-dried my hair.(私は髪を乾かした = I blew my hair dry.)

Act
[ækt アクト]

> 法律も時代に合わせるべきなんだ！

中学レベル ▶ 演じる（振る舞う、行動する）

▶ Stop acting like a baby!
（赤ちゃんみたいな振る舞いはやめなさい！）

日常会話 ▶ 劇などの演目

▶ Hush, the second act is starting.
（静かに。二つ目の演目が始まるわ）

ビジネス ▶ 法令・決議

▶ The act to abolish Article 9 of the constitution is problematic.
（憲法第9条を改正するという決議は解決しがたい問題である）

ポイント

映画監督のAction! という声を思い浮かべると、act が演技の始まり、つまり「演目」を表すこともすぐに覚えられるでしょう。英字新聞の政治ニュースには毎日のように「法令」「決議」という意味の act が載っています。

| Act | 演じる | 劇などの演目 | 法令・決議 |

よく使う表現を練習しておこう

日常会話 ▶ 劇などの演目

The curtain has been lowered and the final act is over.
(カーテンが下りて、最終演目は終了しました)

Do you know who's starring in the act?
(演目で誰が主演か知ってる?)

ビジネス ▶ 法令・決議

What do you know about the Act Concerning Government bonds? (国債に関する法律について何か知ってる?)

Which act is up for discussion?
(どちらの法令について議論がされていますか?)

一緒に覚えておこう

- □ **read the riot act** 激しく叱りつける
- □ **acting** 形 代理の、臨時の 名 演技
    the acting chairman (議長代理)
- □ **action** 名 行動、活動
- □ **active** 形 活動的な

137

Engaged
[ingéidʒ エンゲイヂド]

（戦いは終わった。今日から仲間だ。）

中学レベル ▶ 婚約中

▶ My son finally got engaged last week.
（息子はついに先週、婚約した）

日常会話 ▶ 交戦中

▶ The enemy ships engaged all day long.
（敵船と一日、交戦した）

ビジネス ▶ 先約がある

▶ I'm sorry I'm engaged on Monday. How about Tuesday?
（すまない。月曜日は先約があるんだ。火曜日はどうかな？）

❗ポイント

原形の engage（携わる）は、過去分詞形 engaged や名詞化した engagement という形で使われることが非常に多い語です。「何かと交わる・関わる」という根本的な意味があり、「婚約中」「交戦中」「先約がある」など言うときに便利に使えます。

| Engaged | 婚約中 | 交戦中 | 先約がある |

よく使う表現を練習しておこう

日常会話 ▶ 交戦中

The air force engaged in the morning and the army in the afternoon. （空軍は朝、陸軍は午後に交戦しました）

The military engagement in Germany was long.
（ドイツでの軍事交戦は長く続きました）

ビジネス ▶ 先約がある

Do you have an engagement on Saturday night?
（土曜日の夜は先約ある？）

I tried calling you several times but your line was engaged.
（何度か君に電話したんだけど、君の電話はふさがっていたよ）

一緒に覚えておこう

☐ **engagement ring** 名 婚約指輪
　エンゲージリングは和製英語です。

☐ **engaging** 形 （態度などが）魅力のある、人を惹きつける
　an engaging smile（魅力的な微笑み）

Hold

[hoʊld ホウルド]

中学レベル ▶ つかむ

- **Hold** on to the rails.
  (レールに**つかまれ**)

日常会話 ▶ せき止めておく

- The mystery novel **held** my interest.
  (ミステリー小説が私の興味を**離さなかった**)

ビジネス ▶ ～の状況のまま

- The contract still **holds** so we cannot move freely.
  (契約はまだ**有効**なので、自由に動くことができない)

!ポイント

hold には、catch に近い「つかむ」という意味と、keep に近い「保つ」「せき止める」という意味があります。どちらも「手で抱え込み、ある状態を保つ」という共通のイメージを持っています。

| Hold | つかむ | せき止めておく | 〜の状況のまま |

よく使う表現を練習しておこう

日常会話 ▶ せき止めておく

The bottle holds 1.5 liters.
(ボトルには1.5リットル入ります)

That room will not hold a party of 10 people.
(その部屋に10人は入らない)

ビジネス ▶ 〜の状況のまま

Please hold the room for me for one more night.
(もう一晩、部屋をそのままにしておいてください)

I can't hold it any more.
(もう我慢できない)

一緒に覚えておこう

☐ **Please hold while I transfer your call.** (おつなぎしますので、切らずにお待ちください)《電話》

☐ **Hold on, please.** (切らずにお待ちください)《電話》

Roll
[roʊl ロウル]

中学レベル ▶ 巻いたもの

▶ Do you need any more rolls of toilet paper?
（もっとトイレットペーパーが必要ですか？）

日常会話 ▶ 転がる

▶ OK, please roll the dice.
（よしっ、サイコロを回してください）

ビジネス ▶ 始める

▶ We'll roll at sunrise.
（日の出とともに始めよう）

ポイント

roll は「巻く」です。くねくねしたロールパンでもおなじみのイメージですね。「時計を巻く」→「物事を進める、始める」という粋な応用表現もありますので、ぜひ使いこなせるようになりましょう。

| Roll | 巻いたもの | 転がる | 始める |

よく使う表現を練習しておこう

日常会話 ▶ 転がる

The bowling ball rolled down the alley.
(ボーリングの球がレーンを転がり落ちた)

My new luggage rolled silently across the airport.
(私の新しい鞄が空港を静かに転がっていった)

ビジネス ▶ 始める

Are you all ready to roll?
(始める準備はできましたか？)

What time shall we roll tomorrow?
(明日は何時から活動開始？)

一緒に覚えておこう

- □ role 名 役割、役がら
    発音が roll と同じなので注意しましょう。
- □ roll call 名 出席調べ、点呼

143

Slot
[slæt スラット]

あれ、一人どこ行った？

中学レベル ▶ スロットマシーン

▶ Every slot machine in this building is new.
（このビルのスロットマシーンはすべて新しい）

日常会話 ▶ 細長い穴に入れる

▶ Here is the slot to insert your money.
（ここにお金を入れる穴があります）

ビジネス ▶ 空いている枠

▶ We have only one time slot open for a Swedish massage.
（スウェーデン式マッサージの枠は一つしか空いていません）

ポイント

スロットマシーンの印象が強いですが、発音が違いますので注意してください。slot は「細長い溝（穴）」を示しており、自動販売機など「コイン投入口」を意味します。比喩的に「空いている時間」という意味でもよく使われています。

| Slot | スロットマシーン | 細長い穴に入れる | 空いている枠 |

よく使う表現を練習しておこう

日常会話 ▶ 細長い穴に入れる

This machine has no coin slot.
(この機械にはコインの差し込み口がない)

Put the battery in this slot to recharge it.
(充電するためにこの穴にバッテリーをさし込んで)

ビジネス ▶ 空いている枠

The company has a slot open for an IT specialist.
(会社はITスペシャリストのためのポストを用意しています)

Narita Airport has no more landing slots available.
(成田空港にはもうこれ以上、着陸の余地がありません)

一緒に覚えておこう

□ **slit** 名 細長い切れ目、裂け目
□ **slope** 名 坂、斜面
　a gentle slope (ゆるやかな坂)

Address

[ədrés アドゥレス]

中学レベル ▶ 住所

▶ Let's exchange addresses.
(住所を交換しよう)

日常会話 ▶ 演説する（呼びかける）

▶ My mom addressed the parents at the PTA.
(ママがPTAで保護者に呼びかけました)

ビジネス ▶ 取り組む

▶ She is the first team leader to really address our issues.
(彼女は我々が抱える問題に本気で取り組んでくれた初代チームリーダです)

> **ポイント**
>
> ad は「～の方へ」、dress は「差し向ける」という語源があり、address は「宛先」「住所」という意味を持ちます。これを少しひねって「言葉を大衆に向ける→演説する」、「やるべきことに気持ちを向ける→取り組む」という意味でも使われます。共通するのは向かっていくイメージです。

| Address | 住所 | 演説する | 取り組む |

よく使う表現を練習しておこう

日常会話 ▶ 演説する(呼びかける)

I was so nervous addressing such a big group!
(あんなに大きなグループに向かって演説するなんて、とても緊張しました)

He will address an international conference on the environment next week.
(彼は来週、環境についての国際会議で演説する予定です)

ビジネス ▶ 取り組む

Unit three addressed the difficulty the recent immigrants went through.
(ユニット3は最近の移民をめぐる難題に取り組みました)

We have addressed ourselves to the problem of homelessness in our community.
(私たちは私たちの社会の中にあるホームレス問題に取り組んできました)

一緒に覚えておこう

- □ addresser　名 差出人
- □ addressee　名 受取人

147

Behind

[bəháind ビハインド]

中学レベル ▶ 遅れて

▶ I am **behind** schedule again.
（スケジュールがまた押しています）

日常会話 ▶ 〜の背景に

▶ What are the reasons **behind** his leaving Tokyo?
（東京を去ることになったのは何が理由なの？）

ビジネス ▶ 援助している

▶ I am **behind** you all the way so go give it a try!
（私はずっとあなたの味方だから、思いきりやりなよ！）

! ポイント

behind のコアイメージは「後ろの位置」です。時間的な位置では「遅れて」になりますし、空間的な位置では「〜の背景に」「背後に」になります。また、経済的な位置では「援助している」、人間関係では「味方だよ」という意味でも使われます。

| Behind | 遅れて | 〜の背景に | 援助している |

よく使う表現を練習しておこう

日常会話 ▶ 〜の背景に

Which groups are behind this betrayal?
(この裏切りの背景にはどのグループがあるのだろう?)

I heard rumors that the underworld are behind this scheme.
(私はこの計画の背後には闇組織があるという噂を聞いた)

ビジネス ▶ 援助している

She's so thankful that he's always behind her, no matter what.
(彼女は何があってもいつも彼女の味方でいてくれる彼にとても感謝しています)

Who's behind this wonderful program?
(誰? この素晴らしい企画を考えたの)

一緒に覚えておこう

- □ **leave〜behind** 〜を置き忘れる
    I left my glasses behind.（メガネを置いてきた）
- □ **hind** 形 後ろの
    the hind legs （動物の）後ろ足

Rear
[riər リア]

中学レベル ▶ 後部

▶ **The rear tire might be loose.**
(後ろのタイヤがぐらついているのかも)

日常会話 ▶ お尻

▶ **Get off your rear and start helping around the house!**
(さあ立って、家事の手伝いから始めなさい)

❗ イスから尻を離す＝立ち上がる、というイメージ。

ビジネス ▶ (人、動物を) 育てる

▶ **The zookeeper reared the cubs back into the wild.**
(動物園の飼育係は野生に返すためライオンの子を育てました)

❗ ポイント

クルマのリアシートを思い浮かべると、rear のイメージがピンと来るでしょう。「後ろ」ですね。人間の「お尻」にも同じように使います。馬が後ろ足で立つ (rear up) という表現から、子どもを「育てる」(= bring up) という意味でも使われています。

| Rear | 後部 | お尻 | 育てる |

よく使う表現を練習しておこう

日常会話 ▶ お尻

The kid deserves a good slap on the rear.
(子どもはお尻ペンペンの刑よ)

The hard seats made my rear end sore.
(堅い椅子は私のお尻を痛くしました)

ビジネス ▶ (人、動物を)育てる

My parents reared seven children.
(私の両親は7人の子どもを育てました)

I was reared in Washington State.
(私はワシントン州で育てられました)

一緒に覚えておこう

- □ **rear entrance** 名 裏口
- □ **front** 名 前方

Floor

[flɔːr フロー(ァ)]

Floorは床だけじゃないんだ！

中学レベル ▶ 床

▶ The dark wooden **floor** is nice.
（しぶめの木の床がいい感じ）

日常会話 ▶ 参る（驚く）

▶ I was **floored** when the government OK'd the casinos to open.
（政府がカジノの許可を出したのには驚きました）

ビジネス ▶ 発言権

▶ Chairman, may I have the **floor**?
（議長、発言してもよろしいでしょうか？）

!ポイント

floor は「床」。何かで取っ組み合いになり、相手を床に打ち倒すことから、動詞で「〜を参らせる」「閉口させる」という意味として使われるようになりました。そうして相手を黙らせた自分は、つまり「発言権」を得たことになりますね。覚えやすいでしょ♪

| Floor | 床 | 参る | 発言権 |

よく使う表現を練習しておこう

日常会話 ▶ 参る（驚く）

They were all floored when they heard the announcement that he was promoted.
（彼が昇進したという知らせを聞いたとき、彼らは皆驚いていました）

I was floored and I am still stunned at the news.
（そのニュースには仰天したし、まだびっくりしています）

ビジネス ▶ 発言権

The gentleman in the suit, you have the floor now.
（スーツを着た紳士、あなたはいま発言権を持っています）

Don't interrupt. Please wait until you have the floor, sir.
（ひかえてください。どうかあなたの番がくるまで待ってください）

一緒に覚えておこう

- ☐ **What floor is the toy department on?**
  （おもちゃ売り場は何階ですか？）
- ☐ **The floor** 图議員席、議員

Light

[lait ライト]

あっ、ここにあった

中学レベル ▶ 明かり

▶ Would you please turn on the light?
(明かりをつけていただけますか？)

日常会話 ▶ 火をつける

▶ Let me light your cigarette.
(タバコの火をつけてあげる)

ビジネス ▶ 見方（観点）

▶ I see it in a different light now.
(いまは別の観点でそれを見ている)

ポイント

light が持つ「光・明るい」というコアイメージは、動詞になると「火（あかり）をつける」という意味で使われます。また、これまで暗くて気がつかなかった場所にパッとスポットライトが当てられるように、ビジネスの世界では「視点」「観点」という意味で使われることが多くあります。

| Light | 明かり | 火をつける | 見方 |

よく使う表現を練習しておこう

日常会話 ▶ 火をつける

The kerosene lantern won't light.
(灯油ランタンは灯りません)

She lit my fire. I can't stop thinking about her.
(彼女は私に火をつけました。私は彼女のことで頭がいっぱいです)

❶ light の過去形は lit [lit]、lighted どちらでも OK。

ビジネス ▶ 見方(観点)

Let's stop being so pessimistic and start seeing things in a new light. (悲観的になるなよ。新しい観点で見ましょう)

I like him because he always tries to see things in a good light.
(いつもよい視点から物事を見るようにしている彼が好きです)

一緒に覚えておこう

- □ **a light meal** 图 軽めの食事
   light には「軽い」という意味もあります。
- □ **with a light heart** 快活に、うきうきと

Needle

[níːdl ニードゥル]

中学レベル ▶ 針

▶ That way is north according to this compass needle.
(コンパスの針によると、そっちは北です)

日常会話 ▶ とがった葉

▶ Our family crest is the five-needle pine, called *goyomatsu* in Japanese.
(私たちの家紋は日本では五葉松と呼ばれる5つのとがった松葉です)

ビジネス ▶ イライラさせる

▶ Stop needling me!
(いらいらさせないで！)

!ポイント

「針」を示す needle は、とがっているもの全般を言い表すことができる便利な単語です。とがったものが迫ってくると、嫌な感じがします。そこから、needle を動詞で使うと、「（人を）悩ます」「イライラさせる」という意味でよく使われます。

| Needle | 針 | とがった葉 | イライラさせる |

よく使う表現を練習しておこう

日常会話 ▶ とがった葉

That cedar tree's needles are so beautiful!
(その杉の木の針はとてもきれい！)

Fir trees have needles and not leaves to keep it from losing water.
(モミの木には、葉ではなく、とがった針があり、水を失わないようにしています)

ビジネス ▶ イライラさせる

The foreman is always needling him.
(主任はいつも彼を苛立たせます)

It was a needle match between the two rivals.
(2人のライバルによる因縁の対決でした)

一緒に覚えておこう

- □ **compass needle** 图 羅針盤の針
  ただし、時計の針は hand といいます。
- □ **look for a needle in a haystack** 干し草の山の中から一本の針を探す
  ＝とても難しいことをする (ほとんど不可能なこと)

Pad

[pæd パッド]

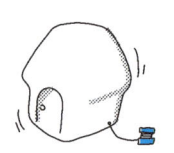

中学レベル ▶ クッション

▶ Those shoulder pads are too large.
（肩パッドが大きすぎます）

日常会話 ▶ 家・部屋

▶ What a fine pad you live in!
（なんていい部屋に住んでいるの！）

ビジネス ▶ （請求や出額を）膨らませる

▶ Everyone in the department padded their expense account.
（部の全員が交際費を水増し請求した）

ポイント

肩パッドの印象でpadが「詰め物」「クッション」を意味することがパッと思い浮かぶかもしれません。中が空洞であるイメージから「家」「部屋」を表すときに使うことがあります。また、クッションのように膨らむイメージから「（請求金額を）膨らませる」という使い方もされます。

| Pad | クッション | 家・部屋 | 膨らませる |

よく使う表現を練習しておこう

日常会話 ▶ 家・部屋

This room is too clean to be a bachelor's pad.
(この部屋はきれいすぎて独身者の部屋とは思えない)

Who lives with you in this pad?
(この部屋にはあなたと誰が住んでいますか?)

ビジネス ▶ (請求や出額を)膨らませる

Never pad the balance sheets, OK?
(貸借対照表を膨らませてはならない、わかった?)

The company was found guilty of padding their profits.
(その会社は収益水増しの罪で罰せられました)

一緒に覚えておこう

- □ **shin pads** 名 すね当て〔サッカー〕
- □ **inkpad** 名 スタンプ台

Pin
[pin ピン]

中学レベル ▶ (髪の毛やブローチの)ピン

▶ Isn't this pin cute?
(このピン、可愛くない?)

日常会話 ▶ 暗証番号

▶ Please press your 4-digit PIN.
(4桁の暗証番号を押してください)

ビジネス ▶ 負わせる

▶ The executives pinned the blame on the intern.
(経営陣はインターンに責任を負わせました)

ポイント

pin は 156 ページの needle に近い形状のものですが、バッジやブローチなどに取り付けられた針のことを指します。人が身につけたり、利用できるようにフタがあるタイプと言えばピンと来るでしょう。その安全を与えるフタを象徴するのが「暗証番号 (Personal Identification Number = PIN)」の意味です。針を押しつけるイメージの「(責任を) 負わせる」の意味もあります。

| Pin | ピン | 暗証番号 | 負わせる |

よく使う表現を練習しておこう

日常会話 ▶ 暗証番号

The ATM asked for my PIN multiple times.
(ATMは私の暗証番号を複数回求めました)

What happens if I forget my PIN?
(もし暗証番号を忘れたらどうなりますか?)

ビジネス ▶ 負わせる

He pinned the charge on his poor brother.
(彼は可哀そうな弟に責任を負わせました)

They pinned the company's failure on the young CEO.
(彼らは若いCEOに会社の失敗を押しつけました)

一緒に覚えておこう

☐ pincers 名 ペンチ、くぎ抜き

Skirt [skəːrt スカート]

中学レベル ▶ スカート

▶ You look good in a flared, A-line skirt.
（フレアのAラインのスカートがよく似合う）

日常会話 ▶ 周り(郊外)

▶ We quietly skirted around the edge of the auditorium to the exit.
（私たちは静かに講堂にそって出口へ行きました）

ビジネス ▶ 避ける

▶ He skirted the issue the reporter asked.
（彼はレポーターが尋ねた主題を避けました）

！ポイント

skirt は「洋服のスカート」のことです。デートで喧嘩をして、女の子の方がプイッとあっちを向いてしまうところを想像してみてください。スカートがひるがえり、ふわりと広がります。その広がりが「周り」という意味になり、プイッとそっぽ向くことが「避ける」という意味につながります。

| Skirt | スカート | 周り | 避ける |

よく使う表現を練習しておこう

日常会話 ▶ 周り(郊外)

The inn is located near the skirts of the hill.
(宿は丘の裾野の近くにあります)

The motorboat skirted along the Kauai coast.
(モーターボートはカウアイ海岸にそって行きました)

ビジネス ▶ 避ける

As always, management skirted our questions.
(いつもどおり、経営陣は我々の質問を避けました)

They have skirted around the issue for too long.
(彼らはとてつもなく長い間、その課題を避けてきた)

一緒に覚えておこう

□ on the skirts of town　町のはずれ(郊外)に (＝outskirts of town)

Sound
[saʊnd サウンド]

なるほど！

中学レベル ▶ 音

▶ **What's that ringing sound?**
(何の音が鳴っているのかしら？)

日常会話 ▶ 十分な

▶ **I didn't hear the doorbell because I was sound asleep.**
(熟睡していたので、ドアのベルが聞こえませんでした)

ビジネス ▶ 理にかなった

▶ **His reasoning is always sound.**
(彼の理屈はいつも理にかなっている)

ポイント

soundと言えばサウンド（音）。Sounds good!（それいいね！）という表現からも分かるように、良い知らせというニュアンスを含み、sound sleep（ぐっすり眠る）、sound fruit（いたんでいない果物）のように「十分な」「しっかりした」「理にかなった」という意味も持ちます。

| Sound | 音 | 十分な | 理にかなった |

よく使う表現を練習しておこう

日常会話 ▶ 十分な

The baby is a sound sleeper.
(ぐっすり眠る赤ちゃんです)

He's now at home, safe and sound.
(彼は無事にいま家にいます)

ビジネス ▶ 理にかなった

I trust him because he has sound moral values.
(彼はしっかりした道徳観念を持っているので、私は信じます)

There is a sound basis for the favorable economic forecast.
(経済予測が好ましいのは、ちゃんとした根拠があります)

一緒に覚えておこう

- ☐ **That sounds great!** 素敵な感じだね！
- ☐ **sound an alarm** 警報を発する
- ☐ **soundless** 形 音のしない、静かな

★ときめき英単語★
一覧表

中1で習った単語を UpGrade

見出し語	中学	日常会話	ビジネス	
Book	本	帳簿	予約する	10
Time	時間	掛ける	景気・時代	12
Carry	運ぶ	背負う	扱う	14
Hit	大当たり	衝突する	ピンと来る	16
Skip	軽く跳ねる	飛ばす	抜け出す	18
Run	走る	操作する	経営する	20
Bear	熊	我慢する	責任を負う	22
Cow	牛	脅す	激しく怒る	24

見出し語	中学	日常会話	ビジネス	
Dog	犬	不誠実な人	失敗作	26
Duck	鴨・アヒル	水陸両用車	かわす	28
Elephant	象	幻覚	無用の産物	30
Eye	目	視点	中心	32
Kid	子供	子ヤギ	からかう	34
Black	黒	秘密の	利益がでる	36
Gold	金	尊い	たくさん売れる	38
Pink	桃色	女性	とてもよい状態	40
Fan	応援者	送風機	感情をあおる	42
Fast	速い	断食	しっかり	44

見出し語	中学	日常会話	ビジネス	
Fine	元気	罰金	極細	46
Fool	間抜け	騙す	無駄に時間をつぶす	48
Rich	お金持ち	豊富	濃い	50
Ground	土地	挽いた	根拠	52
Weather	天候	色あせる	困難を切り抜ける	54
Wind	風	吹奏	巻く	56
Egg	卵	卵を投げつける	けしかける	58
Bag	カバン	緩い	得意なこと	60
Box	箱	四角	追い詰める	62
Card	名刺	身分や年齢を証明するもの	起こるであろう	64

見出し語	中学	日常会話	ビジネス	
Clock	掛け・置き時計	走行距離	時間を測定する	…… 66
Cover	覆うもの	対象にする	報道	…… 68
Note	ノート	音符	様子	…… 70
Pen	筆記用具のペン	書く	囲い	…… 72
Park	公園	駐車する	預ける	…… 74
Pool	水泳用のプール	ビリヤード	共同で〜する	…… 76
School	学校	魚の群れ	流派	…… 78

中2で習った単語を UpGrade

見出し語	中学	日常会話	ビジネス	
Ear	耳	トウモロコシの数え方	音感	…… 82
Heel	ハイヒール	人間の踵	すぐ後ろについていく	…… 84
Head	頭	団体の長	進む方向	…… 86
Lap	膝	トラックや道路の一周	責任	…… 88
Rock	ロック	ダイヤモンド	大変な状態	…… 90
Tap	コツコツという音	軽くたたく	指名する	…… 92
Cast	映画や芝居の役者	ギブス	投げる	…… 94
Diet	ダイエット	食生活	お決まりのこと	…… 96

見出し語	中学	日常会話	ビジネス	
Bound	跳ねる	～行き	境界	… 98
Board	板	搭乗する	役員会	… 100
Jam	ジャム	交通渋滞	ピンチ	… 102
Fix	直す	固定する	元気になるもの	… 104
Party	パーティー	政党	御一行	… 106
Top	上	フタ	超える	… 108
Date	日付	アポ	時代遅れ	… 110
Ink	インク	イカやタコの墨	契約にはんこを押す	… 112
Ocean	海	すごくたくさん	市場	… 114
Plastic	プラスチック	ビニール	クレジットカード	… 116

見出し語	中学	日常会話	ビジネス	
Label	名札	分類される	ブランド	… 118
Line	線	セリフ	職業	… 120
Stick	ステッキ	突き刺す	接着	… 122
Monkey	猿	ふざける	イジる	… 124
Fair	公平な	博覧会	かなりの	… 126

中3で習った単語を UpGrade

見出し語	中学	日常会話	ビジネス	
Fit	ぴったり合う	健康を保つ	感情の爆発	… 130
Relief	ホッとする	公的な支援	解放	… 132
Blow	打撃	吹く	しくじる	… 134
Act	演じる	劇などの演目	法令・決議	… 136
Engaged	婚約中	交戦中	先約がある	… 138
Hold	つかむ	せき止めておく	～の状況のまま	… 140
Roll	巻いたもの	転がる	始める	… 142
Slot	スロットマシーン	細長い穴に入れる	空いている枠	… 144

見出し語	中学	日常会話	ビジネス	
Address	住所	演説する	取り組む	… 146
Behind	遅れて	〜の背景に	援助している	… 148
Rear	後部	お尻	育てる	… 150
Floor	床	参る	発言権	… 152
Light	明かり	火をつける	見方	… 154
Needle	針	とがった葉	イライラさせる	… 156
Pad	クッション	家・部屋	膨らませる	… 158
Pin	ピン	暗証番号	負わせる	… 160
Skirt	スカート	周り	避ける	… 162
Sound	音	十分な	理にかなった	… 164

★著者紹介★
リサ・ヴォート　Lisa Vogt

　アメリカ・ワシントン州生まれ。メリーランド州立大学で日本研究準学士、経営学学士を、テンプル大学大学院にてTESOL(英語教育学)修士を修める。専門は英語教育、応用言語学。2007年から2010年までNHKラジオ「英語ものしり倶楽部」講師を務める。現在、明治大学・青山学院大学・清泉女子大学にて教鞭を執り、異文化コミュニケーターとして、新聞・雑誌のエッセイ執筆など幅広く活躍。一方、写真家として世界6大陸50カ国を旅する。最北地は北極圏でのシロクマ撮影でBBC賞受賞。最南地は南極大陸でのペンギン撮影。

　著書『魔法のリスニング』『魔法の英語 耳づくり』『魔法の英語なめらか口づくり』『超一流の英会話』(Jリサーチ出版) ほか語学書多数。写真集に『White Gift』(木耳社) ほか。

カバーデザイン	滝デザイン事務所
本文デザイン／DTP	ポイントライン
イラスト	イクタケマコト
CD録音・編集	一般財団法人 英語教育協議会 (ELEC)
CD制作	高速録音株式会社

J新書㉙
魔法のときめき英単語

平成25年(2013年)10月10日　初版第1刷発行

著　者	リサ・ヴォート
発行人	福田富与
発行所	有限会社 Jリサーチ出版
	〒166-0002　東京都杉並区高円寺北2-29-14-705
	電　話　03(6808)8801㈹　FAX 03(5364)5310
	編集部　03(6808)8806
	http://www.jresearch.co.jp
印刷所	株式会社 シナノ パブリッシング プレス

ISBN978-4-86392-158-0　　禁無断転載。なお、乱丁・落丁はお取り替えいたします。
©Lisa Vogt 2013 All rights reserved.